PROHIBIDO SUICIDARSE EN PRIMAVERA

24 biblioteca **edaf**

Alejandro Casona

Prohibido suicidarse en primavera

Prólogo de
Mauro Armiño

www.edaf.net

MADRID - MÉXICO - BUENOS AIRES - SAN JUAN - SANTIAGO
2012

Director de Biblioteca EDAF: Melquíades Prieto
© Comunidad Hereditaria de Alejandro Casona
© Prólogo de Mauro Armiño
© EDAF, S. L.U. Jorge Juan, 68 · 28009 Madrid (España)
Diseño de cubierta y de interiores: Gerardo Domínguez

Editorial EDAF, S. L.
Jorge Juan, 68. 28009 Madrid
http://www.edaf.net
edaf@edaf.net

Algaba Ediciones, S. A. de C. V.
Calle 21, Poniente 3323, Colonia Belisario Domínguez
Puebla, 72180, México
Teléfono: 52 22 22 11 13 87
jaime.breton@edaf.com.mx

Edaf del Plata, S. A.
Chile, 2222
1227 Buenos Aires, Argentina
edaf4@speedy.com.ar

Edaf Chile, S. A.
Coyancura 2270 Oficina 914, Providencia.
56 2/ 335 75 11; 56 2/ 334 84 17; 56 2/ 231 13 97
comercialedafchile@edafchile.cl

Edaf Antillas, Inc.
Local, 30. A 2 -Zona portuaria Puerto Nuevo-
San Juan PR00920
(787) 707-1792
carlos@forsapr.com

9.ª edición en esta colección: junio de 2016

ISBN: 978-84-414-2513-2
Depósito legal: M-74.472-2010

Impreso en España · Printed in Spain
Impreso por Cofas

Índice

Prólogo

Las valoraciones de la crítica teatral y literaria sobre la obra de Alejandro Rodríguez Álvarez —nombre real de Alejandro Casona— podrían constituir un capítulo clave de un estudio consagrado al dramaturgo. Desde el sesgo de ideologías opuestas, Casona fue banderín de lucha por un lado, blanco de oprobios e insultos por otro, llegando, con el paso del tiempo y la evolución histórica de España, a convertirse aquel pasado banderín en deshilachados flecos de reproches por no asumir el dramaturgo, en su obra, la línea de los «nuevos escritores teatrales del realismo», que tejían sus dramas sobre la inmediata realidad española; y quienes lo utilizaron como blanco de insultos, y de calumnias incluso, al regreso del exilio elegido por Casona a poco de iniciada la guerra civil, lo izaron rápidamente al altar de los clásicos, entre los calurosos aplausos de la clase media madrileña, para la que se repusieron las principales obras de Casona, ya superadas teatralmente en opinión de los «nuevos críticos». Lo que se denominó «festival Casona», ¿quería ser reparación postrera por los insultos pasados? Debió servirle de poco al autor que, agasajado y asumido por la crítica oficial, comprobaba el rechazo de la joven crítica que había impulsado a la generación dramática posterior a nuestro autor, a dramaturgos como Antonio Buero Vallejo y Alfonso Sastre, cabezas visibles del mejor teatro vivo representado —o no representado por prohibiciones— en las décadas posteriores a la contienda civil.

Adentrarnos por el terreno de las polémicas, de réplicas y contrarréplicas para el estudio del teatro casoniano, nos guiaría a un callejón sin salida que tendría por resultado discutir sobre teoría teatral, dejando fuera, precisamente, el núcleo de todo abordaje literario: la obra en sí. Por supuesto: toda obra tiene un entorno histórico, conlleva un cargamento ideológico concorde o disconforme con la vanguardia social o cultural. La evolución histórica puede afectar, hacer naufragar incluso, una obra que iniciada como réplica inconformista al teatro vigente, queda amarrada en posiciones superadas por los bandazos de la historia. Es, en parte, el caso del teatro casoniano si lo consideramos desde una perspectiva histórica y desde la evolución del teatro escrito en España desde el año treinta del siglo XX hasta el presente: su obra permanece fiel a sí misma, y por lo tanto anclada, mientras la historia del teatro seguía de cerca la realidad española de la que Casona se hallaba, física y literariamente, a muchas leguas, en su exilio bonaerense. (Tampoco es menos cierto el naufragio teatral de piezas poderosamente inmediatas que no han resistido los embates de la marcha social: el teatro de testimonio de Max Aub, prácticamente irrepresentable hoy; las piezas políticas de Rafael Alberti, con notorios fracasos de crítica y público en las reposiciones a finales de la década del 70 y los años 1980 y 1981; o incluso una obra de tanto vigor en su momento como *La camisa*, de Lauro Olmo, convertida ahora en pieza del museo teatral, que explica un momento histórico pero que resulta irrepresentable en nuestros días por la distancia a que nos hallamos de aquel problema y entorno.)

Por otro lado, las polémicas en torno a Casona hablan lenguajes distintos. Si la joven crítica exigía compromiso con la realidad, análisis de circunstancias, función social de la escena, y acusaban de escapismo al autor, éste replicaba:

> No soy *escapista* que cierra los ojos a la realidad circundante... Lo que ocurre es, sencillamente, que yo no considero sólo como realidad la angustia, la desesperación y el sexo. Creo que el sueño es otra realidad tan real como la vigilia.*

Poner límites al término «realidad», eje, desde Hegel, de enfrentamientos de posiciones culturales distintas, y sus derivaciones múltiples en el campo del arte, es tarea que no cabe en los límites de este prólogo. Sí precisaré en cambio la cronología primera de las piezas de Casona, porque su obra no se mueve prácticamente de unos esquemas tanto ideológicos como técnicos que producían en 1933, fecha de su primera obra, *La sirena varada,* un teatro prometedor que se desprendía de las pautas anquilosadoras de Benavente y que, a diferencia de otros innovadores inmediatos (Azorín, Gómez de la Serna, Jacinto Grau incluso), buscaba una audiencia mayoritaria, igual que el teatro de Federico García Lorca o de Rafael Alberti, tratando de conjugar una forma escénica depurada de acarreos populistas (en sus piezas más originales y me-

---

* José Luis Cano, «Charla con Alejandro Casona», en *Ínsula,* 1961, página 5.

jores), con un pensamiento riguroso y a la vez comprensible, basado en temas universales cuya abstracción queda rebajada por una escenificación ágil. Ahí se sitúa el teatro de Casona, esperanzador en ese inicio por sus planteamientos.

Nada más abrir *La sirena varada* (premio Lope de Vega de 1933, estrenada en 1934), en las acotaciones escénicas encontramos algo consubstancial a gran parte del teatro de Casona; al diseñar el espacio donde va a desarrollarse la pieza, «un viejo caserón con vagos recuerdos de castillo», el dramaturgo exige a la decoración «una grata fantasía en el conjunto». Conjunto aislado de la vida real, refugio frente a una existencia externa presidida por la razón y el talento, que derivan de la experiencia; como en la mayoría de las piezas casonianas, el marco es una reunión de personajes en un mundo aparte (un reformatorio en *Nuestra Natacha,* una casa para suicidas en *Prohibido suicidarse en primavera,* la primera clase de un transatlántico en *Siete gritos en el mar,* etc.); un mundo aparte y cerrado del que los personajes terminarán por escapar, un desierto donde no funcionan normas de horarios ni reglas habituales de comportamiento; concretamente, el de *La sirena varada* quiere ser una «república de hombres solos donde no existe el sentido común», como explica el creador de ese oasis de libertad, Ricardo, a don Florín, el médico familiar y representante de lo más odiado por quienes lo habitan: la razón, la experiencia, la disciplina. Ricardo, que encuentra que «la vida es aburrida y estúpida por falta e imaginación. Demasiada razón, demasiada disciplina en todo», ha creado ese asilo de imaginativos por el que deambulan: un pintor que, cansado de ver siempre los mismo colores se ha vendado los ojos para imaginar otros nuevos; don Joaquín, un pobre sin casa que para ocupar una tuvo que hacerse pasar por fantasma y ahora se ve obligado por Ricardo a proseguir con esa ficción que rechaza: es un fantasma que estornuda, al que le gustaría cultivar berzas y flores y al que le obligan a hacer de Napoleón y a «trabajar» de fantasma, a representar un papel en el mundo imaginativo, presuntamente libre, exigido por el dueño de la casa.

El criado de Ricardo define perfectamente a éste y su intento: «Como es joven y rico y lo ha andado todo, pues no sabe cómo pasar el rato.» Tal es el punto de partida: negación sistemática de la realidad, pretensión de crear un mundo autónomo presidido por la sinrazón. Ese asilo para huérfanos de sentido común, ¿supone una negación de la realidad, o una huida, una incapacidad para el enfrentamiento con lo vital debido al infantilismo de Ricardo? Él mismo habla de la tristeza, del desengaño del mundo. «No vaya a creer que finjo ilusionismos ahora para esconder una pena; folletines, no. Estoy alegremente desengañado, nada más. Es mi alma de niño que resucita.»

El propio protagonista va a ser castigado por la realidad, que le envía a Sirena, una mujer al margen de esa realidad, hecha de suavidades poéticas y de una capacidad imaginativa —por la locura— que se le escapa al protagonista. Cuando se enamora de ella, él mismo va rechazando esas fantasmagorías con preguntas que buscan una base en la que asentar su amor. La verdad se le presenta brutalmente: Sirena es una enferma; su razón perturbada debería ser el ideal del mundo buscado anteriormente por Ricardo; pero ahora, cuando el sinsentido puede tocarse vivo con los dedos, comprende que no pueden darse en él ni existencia ni amor, y movido por éste busca el medio para devolver la razón a Sirena, para adentrar a la muchacha por el sendero de lo cotidiano. Las perturbadas facultades de Sirena lo están debido al trato anormal que ha sufrido: hija de un payaso, se convirtió en objeto de propiedad del dueño del circo, que la brutalizaba y golpeaba ante la impotencia cobarde del padre, paralizado por el terror a perder, si se oponía, trabajo y pan. Cuando Ricardo se entera, ya se ha iniciado el proceso de «vuelta a la realidad» de los personajes: el fantasma cultiva berzas y flores; don Florín —antes el despreciado defensor de la razón— es ahora el mentor que prescribe la conducta de los protagonistas, cuida de Sirena, trata de que Daniel se quite la venda simbólica enfrentándose a la verdad «por dura que sea», pues ya sabe que está ciego; y adoctrina a Ricardo para que viva en la razón y, si es preciso, en el dolor antes que en la huida. Así preparado, Ricardo va a conocer la verdad entera: el hijo que Sirena va a tener no es suyo, «es de todos los canallas que hicieron banquete de tu locura». Cuando Pipo, el dueño del circo, se presenta para venderle a Sirena, se enfrenta a él, y, ante la brutalidad de los hechos, retrocede en su planteamiento: don Florín, y los demás, «querían engañarte, devolverte a la conciencia de una vida encanallada y sucia», le dice a Sirena. Ahora su decisión es de franca huida de la realidad, hasta el punto de proponerle:

> Volveremos al mar cuando tú quieras. Tengo una barca mía... Iremos a nuestra casa del fondo,

lo cual, en el sistema simbólico de la pieza, significa el suicidio. Es Sirena entonces quien, a la luz de su media razón y conmocionada por los aletazos del hijo en su vientre, decide por los dos la vida, la realidad.

Estos esquemas escénicos e ideológicos serán la dominante de las mejores piezas de Casona: rechazo de un mundo sucio, aislamiento de los personajes, intento de evasión que se resuelve —siempre gracias al amor— en una reinserción en la realidad para mejorarla desde un plano pura y estrictamente individual.

La segunda pieza casoniana, *Otra vez el Diablo,* «cuento de miedo en tres jornadas y un amanecer», estrenada el 26 de abril de 1935, no tiene la profundidad de *La sirena varada:* el juego cómico, la ironía, el mundo irreal de cuento casi infantil con reyes barrigones, princesas deliciosas, estudiante español que pretende el trono y bandidos de pega hacen que convenga calificar la pieza de cuento de hadas; la varita mágica que da opción a la materialización del sueño no está en manos de un hada, sino de un Diablo humorista y burlón que ha decidido hacer una buena acción (como en *La dama del alba* la Muerte, como en *La barca sin pescador* el Diablo, estos personajes tradicionalmente perversos y vistos desde perspectivas dramáticas si no trágicas se convierten aquí en factor de buenas obras.) El problema planteado —mejor sería decir problema cómico, de comedieta— resulta más trivial aún por la solución grandilocuente y pretendidamente moral del desenlace: el estudiante —como Ricardo Jordán, de *La barca sin pescador*— consigue dominarse y pasar una noche al lado de la infantina sin dar rienda suelta a sus instintos sexuales, tras lo cual:

Yo he matado al Diablo [...]. Se enroscaba ami carne como una serpiente, luchamos hasta el amanecer. ¡Pude yo más!

Como se verá, es la misma solución que plantea en *La barca sin pescador,* que cito más adelante.

A cuento de esta pieza —y de *La barca*— se ha reprochado a Casona la utilización moralista del Diablo. Francisco Ruiz Remón atina al ver la falla de esas dos piezas en la superstición «sin armonizarse estéticamente, [d]el tratamiento inteligente e irónico, de raíz intelectual y poética a la vez, del Diablo y [de] la significación moral, de pedagogía espiritual, que al tema se le da al final de ambas piezas». Abundando en esa dirección, diría más de *Otra vez el Diablo:* se trata de un juego escénico infantil, de entretenimiento, logrado en cuanto a movilidad escénica y gracia de las partes, pero fallido en cuanto obra como tal; en su conjunto no parece proponer otra cosa que una sucesión de escenas más o menos gráciles e irónicas, que no logran soldar ningún tema de los que Casona pretende usualmente profundidad: de ahí que se trate de una comedieta fácil y agradable, de pasatiempo, en última instancia fallida.

El siguiente estreno de Casona, *Nuestra Natacha* (Madrid, 1936), fue un gran éxito de público, que continuó siempre que la obra se repuso en escena. *Nuestra Natacha* contenía frases que, sacadas de su contexto y en el ambiente histórico español del estreno, no podían dejar de convertirse en resonador de ideas políticas. Pero el propio autor, a treinta y seis años de distancia del estreno, haría justicia a los méritos y deméritos de esa obra:

De *Nuestra Natacha* se han escrito muchas tonterías, se han hecho bandera de acá y allá. ¡No es bandera!... era simplemente una obra joven, llena de fe. Quizá un poco evangélica, un poco inocente, un poco romántica, pero de cosas muy auténticas y verdaderas; donde está el teatro de los estudiantes, la residencia, los problemas de la coeducación, esas especies de penitenciarías que eran los reformatorios... ¡En fin! Todo ello estaba hecho con un nobilísimo afán, no de hacer demagogia ni buscar ovaciones, sino de tocar una llaga de la pedagogía española, que es evidente que estaba al alcance de todo el mundo y nadie había tocado.*

Nuestra Natacha tiene un claro fondo doctrinal: la reforma de la pedagogía española, anclada en métodos anticuados que tenían por base el autoritarismo y la dureza; para ello Casona construye una pieza idílica, tan idílica que en el tercer acto nos encontramos a todos los protagonistas en una comuna campestre haciendo vida geórgica, con trigos sembrados por sus propias manos, harina molida también por ellas, y pan cocido en un horno rústico calentado por leña que ellos mismos han cortado, etc.** Hay dos planos claros en la pieza —disyuntiva frecuente en Casona: un

---

* Entrevista con Marino Gómez Santos, en el diario *Pueblo*, 16 de agosto de 1962.

** Es constante en Casona la exaltación de este mundo tranquilo, campesino o de pescadores, antiguo y transido de calma, donde la tarea propia, el trabajo de las manos para todas las necesidades cotidianas —desde la cocción del pan hasta la barca ganada a pulso, o el directo contacto con los animales domésticos que constituyen la riqueza, no sólo exterior, sino también íntima, de los personajes—, es valorado como única salida frente a la vida sucedánea del mundo moderno, en el que el hombre no tiene contacto directo con esos elementos vitales. Su exaltación aparece en todas las mejores obras de Casona, desde *La dama del alba* a *La barca sin pescador*, desde el abeto que hay en el barco de *Siete gritos en el mar* —una rama arrancada del abeto inmemorial que «vive» en el jardín de uno de los personajes, etc.—, hasta los parlamentos de Genoveva en *La casa de los siete balcones*.

mundo reprobable, que de hecho aparece en el segundo acto, el del reformatorio autoritario y traumático—, y otro excesivamente rosa, como el propio autor reconoce, en el que, entre otras locuras de jóvenes estudiantes, Casona va poniendo en sus bocas ideas que entroncan nítidamente con el núcleo más denso de su ideología: la necesidad de una existencia nueva, de un contacto directo con la vida, encarnada por Lalo, el estudiante bullanguero y juguetón, pariente de los estudiantes de *La casa de la Troya,* de Pérez Lugín, que se opone a la existencia teórica, intelectualizada, del resto de sus compañeros:

> Yo lo que quiero es beberme hasta el último trago de mi juventud. Estudiar no basta; hay que vivir. ¿y qué vivís vosotros? Libros, conferencias, traducir revistas profesionales. Hala, de prisa, a terminar la carrera. Sólo veis el mundo por esa ventana. Pero la vida es más ancha; si le volvéis la espalda ahora, ¡pobre juventud la vuestra!

Mas esta postura de Lalo, avalada por continuos suspensos y repeticiones de cursos, tiene una crítica semejante a la que el criado hacía de la búsqueda de la fantasía de Ricardo en *La sirena varada:* «No has terminado [los estudios] porque no quieres. Tú eres rico y puedes pagarte el lujo de estudiar eternamente.»

Las frases de Lalo suenan a *boutades* graciosas que rompen con el mundo circundante: como Ricardo, está pidiendo sorpresas, fracasos para sentir la emoción del fracaso; y lo que el personaje pensante, encarnación del meollo ideológico que Casona insume en la pieza, Natacha, exige, es:

Usted podría ser una fuerza desorientada, pero es una fuerza. ¿Por qué no le busca un cauce social a esa alegría, a esa fe en la vida que le desborda siempre?

Y en otra conversación, Natacha vuelve a poner de relieve la responsabilidad social de la existencia del individuo: «Vivir es trabajar para el mundo.» El resto de la pieza, con su movimiento escénico, no es sino una ejemplificación de la vida individual entregada al trabajo social y a la creación de una existencia nueva donde todo sea alegría, libertad, comprensión de los demás, amor. De este modo la obra se desliza hacia un desenlace lleno de emociones satisfechas en los protagonistas, a quienes no tensa un núcleo dramático sino la afirmación de un programa vital propio, individual, pero volcado hacia el entorno. Se le ha reprochado en ocasiones la ingenuidad de estos planteamientos, la candidez de esos personajes positivos y reformistas, al tiempo que la mayoría de la crítica da muestras de apreciar la fluida escenificación.

Con *Prohibido suicidarse en primavera* (México, 12 de junio de 1937) vuelve Casona al tipo de teatro de *La sirena varada,* en el que parecen enfrentarse fantasía y realidad. Nuevamente tenemos un ámbito cerrado que habitan excentricidades humanas con matices que pertenecen más al mundo de la comedia reflexiva que al drama trágico, pese a que la muerte está inscrita en cada minuto de la pieza: el sanatorio para suicidas fundado por el doctor Ariel, pese al rótulo de la entrada no es una invitación al suicidio, sino un compás de espera para animosos suicidas que desisten ante las faci-

lidades que se les ofrecen; personajes levemente excéntri-
cos, más teatrales que encarnaciones de ideas, desde la mujer
madura al filósofo enamorado, desde la joven que no puede
soportar la soledad (este mismo personaje de joven sola salvada del suicidio es una constante de Casona: aparece en
Los árboles mueren de pie y en *Siete gritos en el mar,* aunque
en estas piezas con un tratamiento más profundo) a la vieja
actriz de ópera en la pendiente de su carrera, esos buscado-
res de suicidio son anécdotas de escasa entidad teatral, pues-
tos para servir de ropaje a un núcleo de mayor densidad
dramática: el enfrentamiento de dos hermanos: uno de ellos
se siente desposeído por el otro: el infeliz frente al feliz, el
perdedor frente al ganador que es huésped accidental del
sanatorio: en una excursión con su mujer va a parar a la «posa-
da» del doctor Roda, gerente de esa especie de trampolín
de lanzamiento hacia la belleza de la vida que es el sanatorio. Y precisamente el único intento de suicidio serio se produce —como en *La sirena varada* la locura real de Sirena
hace abandonar a Ricardo sus búsquedas literarias de la locura— en Chole, manzana de la discordia entre los dos hermanos, y que, junto con su marido, se encuentra en el asilo
casualmente. De nuevo la trama está puesta al servicio de
esa prédica casoniana en favor de la vida, de la felicidad, del
amor, con un beatífico desenlace que, por necesidad, acaba
con la existencia de ese sanatorio de suicidas.

Tras este canto de dicha vital, las tres obras siguientes
de Casona, *Romance en tres noches* (Caracas, 1938), *Sinfonía inacabada* (Montevideo, 1940) y *Las tres perfectas casadas* (Buenos Aires), ofrecen un interés relativo: así, *Sinfonía inacabada* no es sino la escenificación de un pasaje de

la vida de Schubert, con un amor romántico y reivindica-
ciones de la libertad del creador por ejemplo, mientras que
Las tres perfectas casadas parten de un cuento de Schnitz-
ler, «La muerte del solterón». Corresponden, como luego
La molinera de Arcos o *Corona de amor y muerte,* a una serie
de piezas que pueden calificarse de recreaciones casonianas, de adaptaciones a escena de ideas ajenas, que el autor
hace con sabiduría de tablas, pero a las que no aporta las
constantes de su universo creativo.

A ese mundo volvemos con las dos obras siguientes: *La
dama del alba* y *La barca sin pescador.* La primera de esas piezas, estrenada en 1944, nos remite a un mundo de fábula, de
poema legendario fuertemente arraigado en la tierra natal,
Asturias, del dramaturgo, que aprovecha leyendas locales de
profunda estirpe poemática; así, entroncado con la mejor tradición romántica —en concreto con Bécquer y las alucinaciones de sus leyendas fluviales, en las que el agua puede atraer
de modo irresistible o contener una ciudad bajo ella—, Casona construye una pieza en la que hay: elementos rurales de
apego a la tierra en concordancia con ese ansiado mundo de
paz típico de Casona, que se vale del lenguaje para su poetización; elementos tradicionales y legendarios que constituyen el núcleo dramático, como esa presencia viva de la Muerte, en la Peregrina; y elementos de ambientación para la
leyenda, como esos personajes centrales entre cuyas manos
se desgrana el viejo mito de la muerte en escena. En el fondo
la trama es de una sencillez elemental: el malcasado que ve a
su mujer escapar con otro, deja correr el rumor de su muerte
en el río, que no es la primera mujer que devora y en cuyo
fondo, según la leyenda, hay una ciudad sumergida. Y cuan-

do aparece una nueva mujer en su vida, el malcasado se debate entre el amor y esa realidad —su mujer no ha muerto— que hace imposible la unión con Adela. Sólo el mito salvará el desenlace. La Peregrina está citada con una vida en el río, y convencerá a la mujer pródiga que vuelve para que ocupe el puesto que ya le otorgaba la realidad popular: Angélica, destrozada por el error de la escapada, cansada de dar tumbos, reclina para siempre su fatiga en las aguas, y la tradición se materializa. Las dimensiones plenas de *La dama del alba* están ahí, en la poetización estilizada de los elementos, a lo que ayudan un lenguaje escogido y sembrado de metáforas y los movimientos de coro del pueblo en fiesta, que recuerdan elementos cancioneriles del teatro popular de Lope de Vega, por ejemplo, y, sobre todo, y más cercano en el tiempo, a García Lorca: es el poeta granadino el que planea sobre *La dama del alba:* por ejemplo, en ese símbolo de la Peregrina (la Muerte que en Casona, como el Diablo, está humanizada con valores positivos: trata de resolver conflictos), en el movimiento de los coros festeros y los mozos y mozas cantando la popular fiesta de San Juan, y, sobre todo, en el lenguaje metafórico, para expresar el ambiente rural y los sentimientos. *La dama del alba,* la obra preferida del autor, está fuera de la lucha ideológica, ya apuntada como clave en Casona, que interpreta realidad y sueño: aquí no se enfrentan, sino que, a través de la leyenda, mito y realidad se ayudan a materializarse mutuamente sin tratar de afirmar tesis o antítesis.

No ocurre lo mismo con *La barca sin pescador,* estrenada en Buenos Aires en 1945 y presidida por dos citas, de Rousseau y de Eça de Queiroz, que realmente explican el eje de la trama.

Dos mundos son los que se enfrentan: el complicado de las finanzas moderno, hecho de falsedad, hipocresía y mal amor —como muestra el primer acto—, y el mundo sencillo de pescadores, en que el hombre se realiza en su trabajo directo, en contacto con la naturaleza que, si a veces agrede, es el único ambiente posible para el ser humano. Entre ambos mundos va a jugarse la partida: por un lado el Diablo tentador, por otro Ricardo, el financiero cargado de triunfos —y de víctimas— que accede, para salvarse de la bancarrota, al crimen: un crimen sin sangre que de hecho no es otra cosa que la voluntad de matar: lo que sería, desde el punto de vista cristiano, el pecado de pensamiento. Casona no lo plantea en el terreno religioso, sino en el de una ética civil, de una moral humana que prohíbe el asesinato de un semejante y una vez cometido incide con su carga de remordimiento sobre el hombre. Cuando, como en el teatro más decimonónico, Ricardo firma el acta del Diablo, en un remoto confín del universo un hombre muere: el viento de borrasca y una mano homicida lo empujan por un desfiladero mientras resuena el grito angustiado de la esposa que ha contemplado la escena; también Ricardo: los poderes diabólicos lo han hecho espectador de ese trozo de realidad, que con su firma asume, como si se tratara de la proyección de una película. Su fortuna queda a salvo, su prestigio como bolsista y jugador financiero crece, pero en los oídos lleva ese grito de mujer que lo empujará —cumpliendo con el tradicional lema de que el asesino siempre vuelve al lugar del delito guiado por el remordimiento— al escenario de su acción; y allí encuentra una realidad dolida, una existencia sencilla, hecha de pan casero, aromas silvestres en las sábanas y amor, en la que Ricardo Jordán decidirá quedarse para siempre, abandonando el mundo de la alta finanza. Pero Casona había sacado a las tablas un símbolo: el del Diablo, que aquí encarna las raíces del mal en el hombre. Y ese símbolo reaparece en la última escena para resolver —con su moraleja doctrinal— el problema. No fue Ricardo quien mató con sus manos, sino otro pescador envidioso. Hubo un asesinato real, no cometido por él, y otro, cometido por la voluntad de Jordán: el Diablo —la conciencia del ser humano— pasa su factura. Con un ardid de palabras —al fin y al cabo, en la primera entrevista en que se cometió el crimen sólo hubo palabras—, el personaje decide cumplir su promesa de matar a un hombre sin sangre, y saldar su deuda: ese hombre será el mismo «que firmó ese papel»:

> ¿Recuerdas el día en que llegaste a mi despacho? Allí encontraste a un cobarde dispuesto a cualquier crimen con tal de no presenciarlo. Un cómodo traficante de sudor ajeno. Un hombre capaz de arrojar al mar cosechas enteras sin pensar en el hambre de los que las producen. Contra ése estoy luchando desde que llegué aquí; contra ése lucharé ya toda mi vida. Y el día que no quede en mi alma ni un solo rastro de lo que fue, ese día Ricardo Jordán habrá matado a Ricardo Jordán. ¡Sin sangre! ¡Ya estamos los dos en el mundo de la voluntad!

La intromisión del Diablo en la escena no alcanza la perfección de juego escénico que posee la Peregrina en *La dama del alba*. Casona ha forzado el mensaje doctrinal mediante ese personaje escénicamente endeble. Por otro lado, la redención de Ricardo Jordán —redención gracias al amor— se opera de modo individual, mediante el apartamiento de un mundo corrompido, del mundo moderno simbolizado en la escena por el de las finanzas. Algunos críticos, haciendo hincapié en este aspecto —la conversión del hombre viejo en hombre nuevo sin pagar los crímenes del anterior—, acusa a *La barca sin pescador* de teatro escapista, por no dar una respuesta a los problemas que plantea el primer acto: la corrupción y los crímenes de un mundo que crea miles de víctimas para existir en la riqueza.

Esta respuesta de Casona a los problemas genéricos no es social, sino individual; sus personajes, aunque vivan y actúen en un medio social concreto, son individuos. Ese mismo carácter de seres que solo ercarnan los problemas a título personal, sigue imperando en la obra estrenada después de *La barca sin pescado*r, si dejamos a un lado una graciosa obra menor, *La molinera de Arcos,* que no es otra cosa que una fresca y libre estilización, llena de agilidad y de tablas, basada en *El sombrero de tres picos,* de Pedro Antonio de Alarcón (estrenada en 1947).

Me refiero a *Los árboles mueren de pie* (1849); y digo ejemplificación porque la labor que un nuevo club de misiones estrambóticas realiza ya no es la de refrenar suicidas; se trata de una asociación cuyo objetivo es hacer que la risa aflore a los labios de personas aplastadas bajo el peso de la desgracia, o bajo otras cargas más ligeras. Casona no plantea la aniquilación de estructuras que permiten ese mundo, sino que busca la sonrisa en la persona que ha caído bajo él; las actuaciones de sus miembros están dirigidas a suscitar en los marineros de un barco noruego la emoción de su tierra al oír, a su llegada a puerto extraño, a un experto en idiomas cantar en el muelle algún aire de su país; impedir que se suicide una joven a la que han visto comprar veronal; hacer que un juez no firme una sentencia de muerte por oír cantar a un ruiseñor, magistralmente imitado por uno de los miembros de la asociación. Esta endeble ingerencia de la fantasía en la vida lógica puede parecer un incipiente rasgo del teatro del absurdo: pero no es así: se trata más bien de juegos teatrales de relativa credibilidad para adentramos en un tema en el que de nuevo se confunden realidad y fantasía: la muerte (que luego se demostrará falsa) de su nieto hace que el señor Balboa pida ayuda a la institución, que envía los personajes requeridos: una pareja ha de representar los papeles supuestos de los nietos, mientras en ellos va creciendo el amor gracias a ese contacto. La abuela engañada revive de alegría, y cuando aparece el auténtico nieto, exigiendo dinero a cambio de no matarla con la verdad de una existencia encanallada y criminal, es la anciana la que se enfrenta a él para rechazar esa realidad y asumir la escénica: una realidad ideal y fantasiosa, que no sólo ayuda a la anciana sino que, además, ha generado otras secuelas: la pareja que formaban el falso nieto y su supuesta esposa alcanza a través de esa convivencia casi marital el estadio del amor.

En comparación con *La sirena varada y Prohibido suicidarse en primavera,* la conclusión de *Los árboles mueren de pie* es distinta: allí era la aceptación de la realidad lo que constituía el desenlace y la sensación de vivir plenamente la existencia; aquí, sin embargo, al menos en el personaje de la abuela, hay un rechazo de la realidad por excesivamente brutal y una aceptación de la fantasía con que se quiere sustituir aquélla: la abuela asume la dura verdad, forma un juicio, la rechaza y, después de desgarrarse en ella, opta por dejar que la fantasía siga su curso: es la abuela quien finge y miente ahora a los falsos nietos para que no sepan que descubrió la verdad y ellos puedan continuar la existencia de amor que gracias a su acción caritativa con la abuela han iniciado.

La llave en el desván (Buenos Aires, 1951) y *Siete gritos en el mar* (Buenos Aires, 1952) tienen en común el sueño como eje de la acción. En la primera, a través de él se busca no solo el pasado (la madre infiel del protagonista fue muerta por el padre, que a continuación se suicidó), sino también las consecuencias futuras, dado que el personaje tiene el mismo problema que su padre: una esposa infiel, a la que, como su padre, terminará matando.

Siete gritos en el mar es una pieza mayor, con grandes pretensiones dramáticas y simbólicas: un buque, con su cargamento de pasajeros, navega por última vez: es la cabeza de turco de una jugada bélica y el capitán recibe la orden de sacrificarse y sacrificar al pasaje. La muerte para todos tardará poco: el capitán reúne a los siete pasajeros de primera clase, siete culpables, y les anuncia la noticia, que provoca distintas reacciones: el engreído multimillonario que se ha enriquecido con el negocio de las armas; un barón con su presunta esposa, que tiene un oscuro pasado de ramera; una muchacha solitaria que pretende el suicidio; otra pareja destrozada, en la que el marido se da al alcohol mientras la esposa es la amante del multimillonario del armamento; un profesor sardónico y burlón, que siembra constantemente la amargura con sus palabras mordaces y ofensivas; y, por último, un periodista que ha de actuar como testigo. La proximidad de la muerte acelera en todos el pulso vital, convirtiendo sus últimas horas en confesiones, en un brutal juego de la verdad que salvará a unos y hundirá a otros: en esa nave, que recuerda la medieval «nave de los locos», están representadas distintas clases, distintos estamentos sociales, con sus egoísmos y sus intereses particulares, que priman sobre los colectivos; y también, en el fondo de la cala, amontonados como borregos, los emigrantes de tercera clase, que Harrison, el comerciante de armas, pretende usar como carne de cañón para hacerse con el barco y salvar la vida desbaratando el plan militar; el juego psicológico de los siete personajes es de un ácido realismo en el que Casona ha ido insertando todas sus mejores argucias teatrales, las más efectivas de cara al espectador, hasta tejer una tensión dramática insoslayable. Cada frase, cada gesto, va haciendo crecer la crispación personal y general de los siete condenados a muerte sabedores de su condena; y junto a la búsqueda de salida individual está, irritando los caracteres, esa «muerte en común» que desespera más todavía porque entre sí los personajes, el profesor sobre todo, se excitan con ácidas frases. La tensión se desvanece de pronto: la realidad teatral ha sido un sueño de Santillana, el periodista: un sueño de premonición que le ha permitido descubrir a sus compañeros de navegación. Y una vez despierto, la acción, sin la amenaza de la guerra, continúa; o mejor, empieza el viaje. Se han buscado simbolismos a la pieza mediante interpretaciones a todas luces excesivas, o al menos no perfectamente encajables en la acción dramática. Para Rodríguez Richart, por ejemplo, «el barco puede representar el mundo, todos sus ocupantes a la Humanidad entera, y los pasajeros de lujo ("la aristocracia negra") a la humanidad culpable o, si se quiere, a los siete pecados capitales.»

Pero ya decimos que esos simbolismos no se completan en sus encarnaciones ni tienen capacidad para elevarlos a la categoría de mitos; deben considerarse más como encarnaciones individuales de defectos o errores humanos: casos, más que arquetipos.

En realidad, *Siete gritos en el mar* es la última gran obra de Casona: sus títulos posteriores apenas si aportan otra cosa que el sutil —cada vez más— juego escénico: en *La tercera palabra* jugará con un viejo tema literario castellano: el buen salvaje y la representante del mundo civilizado, de la cultura, terminarán uniéndose a través del fruto del amor. *Corona de amor y muerte* (Buenos Aires, 1955) es una nueva investigación sobre un tema predilecto de la dramaturgia del XVII castellano, los amores de Inés de Castro, la «reina muerta» de Portugal. *La casa de los siete balcones* (Buenos Aires, 1957) escenifica nuevamente la Asturias rural de *La dama del alba,* con un sentido totalmente poético, y un personaje, Genoveva, que, quizá sea el carácter femenino más logrado del dramaturgo; con él Casona consigue acercarse en algunos momentos a la protagonista de uno de los dramas mayores del siglo XX, en cuanto a profundización en el sentido de lo humano: *La loca de Chaillot,* de Giraudoux. Y por fin, la obra de su regreso a España, *El caballero de las espuelas de oro* (Madrid, 1964), dramatización de una existencia literaria: la de Quevedo, el gran poeta que se enfrentó al medio incluso cuando jugó a adentrarse en él, poniendo siempre por delante su incorruptibilidad, que le convierte en ejemplo a seguir por los vivos, según el mensaje del dramaturgo. Pero *El caballero de las espuelas de oro,* especie de testamento de un Casona que regresaba del exilio, de lección magistral del autor antes de su muerte, de legado y mensaje, se ve forzada, como pieza, a cumplir unos requisitos históricos y de ambientación que la relegan como obra creativa a un segundo plano, por esa sumisión que Casona ha de aceptar ante las obligaciones de historia y ambiente.

Ese es, en resumen, el teatro de Casona*: un teatro polémico, con piezas brillantes en el momento del estreno que, si obtuvieron éxito ante el público en las reposiciones, dejan notar excesivamente la corrosión del tiempo para el gusto de la crítica. Lo que no puede dudarse es que el teatro de Casona jugó un papel en la lucha contra el naturalismo en la escena, al lado de Valle Inclán y de García Lorca, en los años primeros de la tercera década; luego, Casona, trasterrado, fuera de su sociedad, hubo de apoyarse, según confesión propia, «en lo que es permanente y universal en el hombre». Y así, giró sobre temas abstractos, perfilando

---

* Para completar su ficha bibliográfica habría que citar adaptaciones como *Carta de una desconocida,* refundiciones del teatro español *(El anzuelo de Fenisa, Peribáñez,* de Lope de Vega; *El burlador de Sevilla,* de Tirso; *La Celestina,* de Rojas; *El sueño de una noche de verano,* de Shakespeare, y las piezas cortas escritas para el Teatro del Pueblo o Ambulante, de cuya dirección se hizo cargo en 1931 Casona, y que forman el *Retablo jovial: Sancho Panza en la ínsula; Entremés del mancebo que casó con mujer brava; Farsa del cornudo apaleado; Fablilla del secreto bien guardado; Farsa y justicia del corregidor;* además de piezas infantiles como *El lindo don Gato* y *¡A Belén, pastores!* Por último, hay que citar la pieza *Marie Curie,* escrita en colaboración con Francisco Madrid (La Habana, 1940).

tramas y rematando caracteres, profundizando el lenguaje poético en obras como *La dama del alba* y *La casa de los siete balcones,* que suponen el punto extremo de ese tipo de teatro en la postguerra española. En cuanto al futuro de este conjunto de obras, ahora que sobre Casona se vuelcan los estudios eruditos, está asegurado: si no en la escena, en los libros, en estudios que prestarán a sus personajes el grosor justo, el que les pertenece, sin estar hinchados por unas u otras circunstancias, ni por la exaltación excesiva, ni por el ataque destructor: a la busca del lugar exacto que ocupa en el teatro español del siglo XX.

Prohibido suicidarse en primavera

Pero 1936 avanza y se produce un hecho clave: la guerra civil. Casona sale a Francia y pasa a América como director artístico de la Compañía Díaz de Artigas-Collado para realizar una gira por distintos países: el 12 de junio de 1937 estrena en México *Prohibido suicidarse en primavera* que, siguiendo los métodos teatrales ya probados en *La Dama del Alba,* en *Otra vez el Diablo,* e incluso en *Nuestra Natacha,* idealiza el conflicto dramático desde la presentación: es más, desde las propias acotaciones escénicas. La escenografía del «sanatorio de almas» —esa definición ya resulta sintomática— es la de un cuento de hadas, con vistas a montañas nevadas, lago, jardín de sauces, etc. Pero paradójicamente no domina el rosa, sino el negro, porque ese sanatorio está presidido por cuadros con las escenas de la muerte de los grandes suicidas, desde Sócrates a Cleopatra, desde Séneca a Larra.

Nos hallamos ante un mundo típicamente casoniano: el drama no es simple, sino complejo; el marco, los personajes secundarios forman parte del drama: o mejor, los dramas menores o mayores —dado que estamos hablando siempre de individuos—, acompañan a otro que por su ocupación de la escena podemos considerar el principal, y sobre el que parece centrarse el núcleo de la acción. De cualquier modo, todo sirve a una idea central: la exaltación de la vida, el rechazo del suicidio que para Casona es algo aberrante: no hay nada que lo justifique porque fuera está la naturaleza, encarnada en la primavera, con toda su potencia, con toda su savia que reanima los deseos de gozar. Canto jubiloso, a través de su envés, esa retahíla de desheredados de la fortuna, del amor, de la afectividad o de la fama que van llegando al sanatorio del doctor Ariel con ánimo de poner fin a sus días.

Como ocurre en otras piezas «de abanico» de Casona, el dramaturgo ha tratado de enumerar, a través de personajes, los males principales de la sociedad civilizada, del mundo urbano, sobre el que se insiste de forma particular mediante comparaciones: en la ciudad, la primavera no llega nunca, mientras que en medio de la naturaleza, en las montañas recónditas en las que el doctor Ariel buscó su refugio, los almendros en flor, la tierra renaciendo en brotes, los árboles con sus pujantes capullos son un golpetazo espasmódico en la sangre. Y entre esos personajes encontramos arquetipos del teatro casoniano: el primero es, por supuesto, ese doctor-salvador, el ser que parece encarnación de Dios o del padre, que lo dispone todo para la salvación de sus hijos, pero no por la fuerza: abre los caminos, pule las sendas para que por ellas se deslicen los desdichados hacia la felicidad, simbolizada en este caso por el simple respirar el aire cotidiano, por el simple alentar en este mundo.

El doctor Roda es discípulo del doctor Ariel, fundador también de la agencia de felicidad que constituye el telón de fondo de *Los árboles mueren de pie,* donde se le define como «un hombre de gran fortuna y una imaginación generosa, que pretende llegar a la caridad por el camino de la poesía. Desde que el mundo es mundo en todos los países hay organizada una diferencia pública. Unos tratan de revestirla de justicia, otros la aceptan como una necesidad, y algunos hasta la explotan como una industria. Pero hasta el doctor Ariel nadie había pensado que pudiera ser un arte».

En *Prohibido suicidarse en primavera,* el doctor Ariel ya ha muerto, pero sus ideas y su fortuna han encontrado utilidad. Miembro de una familia acosada por la fatalidad del suicidio, se entregó a estudiar la biología y la psicología del suicida, logrando morir, una vez retirado a las montañas de la escena, a los setenta años, tras haber fundado ese sanatorio de almas que «aparentemente [...] no es más que el Club del perfecto suicida. Todo en ello está previsto para una muerte voluntaria, estética y confortable; los mejores venenos, los baños con rosas y música...». Pero todo este aparato no tiene otro sentido que disuadir al presunto suicida.

El primero de los suicidas, Alicia, tendrá luego su equivalente en la Isabel de *Los árboles mueren de pie:* el mismo frío, la misma hambre, arrinconan a las dos contra la soledad:

«Estaba sin trabajo hacía quince días. Tenía hambre: un hambre dolorosa y sucia; un hambre tan cruel que me producía vómitos. En una calle oscura me asaltó un hombre; me dijo una grosería atroz enseñándome una moneda..: y era tan brutal aquello que yo rompí a reír como una loca, hasta que caí sin fuerzas sobre el asfalto, llorando de asco, de vergüenza, de hambre insultada. [...] En un momento de desesperación, una se mata en cualquier parte. Pero yo, que he vivido siempre sola, ¡no quería morir sola también! ¿Lo entiende ahora? Pensé que en este refugio encontraría otros dispuestos a morir, y que alguno me tendería su mano...»

Si Isabel prefiere su anterior soledad a la mentira de la ficción, Alicia asume la dureza de la salida final, pero no tiene valor para materializarla; al doctor Roda le basta, para curarla de su espanto, con darle una misión e indicarle un sentido y unos brazos amistosos: se quedará en la casa como personaje secundario del drama principal. También son anecdóticos el resto de los suicidas: desde la Dama Triste hasta el Amante Imaginario y el padre de la otra Alicia, caldo dramático todos ellos donde va a desarrollarse el nudo principal. Ni Fernando ni Chole tienen interés alguno en el suicidio: viven en medio de la felicidad de su amor, sus reportajes periodísticos y sus viajes: la vida discurre feliz para ellos, y no tienen siquiera la sombra de una duda. Cuando poco a poco van entrando en escena, es decir, cuando van dándose cuenta de la clase de «hospital» al que han llegado y quieren irse, el doctor Roda les convence para que hagan el papel de su realidad dichosa y feliz frente a los desesperados de la fortuna que quieren suicidarse. A cambio del reportaje, los periodistas aceptan, y van entrando en la psicología de cada uno de los pretendientes al suicidio.

El primero que se lo cuenta es el Amante Imaginario —alguno de cuyos parlamentos debe compararse con las fantasías de viajes que también tiene la protagonista de *La Casa de los siete balcones*—: su amor está hecho de imaginación, de lecturas románticas sin correspondencia con la realidad: «De mi sueño sólo quedaba la pobre verdad de mi desfalco, y un ramo de orquídeas pisadas...» La Dama Triste también pertenece a esa farándula amorosa: odia lo grosero, la carne, la tiranía de los músculos y la sangre, y por tanto su idealización amorosa también ha de carecer de realidad; Fernando, el periodista, está casi a punto de lograr que se suicide cuando científicamente le demuestra que «el cuerpo es una realidad insobornable» y que a la edad que tiene, la Dama Triste es un compuesto de «ochocientos decalitros de leche, tres vagones de fruta, ocho hectáreas de guisantes ¡y diecisiete terneros!».

Pero sólo uno de los pretendientes a suicida parece ir en serio: Juan, cuyo disparo a la sien ha logrado ser desviado por uno de los ayudantes del doctor Roda: y cuenta los motivos para intentar poner fin a su vida: el enfrentamiento, nunca declarado, con su hermano: Juan ha sido desposeído de todo por el otro: infeliz frente al feliz, perdedor frente al eterno ganador, Juan se ha visto despojado de todo, incluso de la mujer del otro, a la que siempre amó en silencio. Por eso pretende suicidarse: para no matarle. Casona ha jugado bien el recurso teatral, porque, a renglón seguido sabemos quién es el hermano: precisamente el reportero feliz que respiraba dicha por los cuatro costados junto a su mujer, Chole, manzana de la discordia entre ambos.

El triángulo está armado y, evidentemente, los disparos han de salir por alguna parte. Fernando, el dichoso, no hace sino compadecer a su hermano, pero en Chole la realidad del despojamiento se impone: sintiéndose injusta con Juan, no tendrá ya paz, su felicidad se escapa entre los dedos, y la risa termina por convertirse en mueca. Mientras el Amante Imaginario encuentra a su amada —Cora Yako, una vieja actriz que recurre al sanatorio de suicidas como truco publicitario—, el dramaturgo va preparando la sorpresa: la que antes reía feliz, siente ahora la necesidad de «un paño frío sobre el alma»: los dos hermanos sólo podrán reconciliarse en la desgracia y es lo que Chole va a prepararles con su suicidio: la reconciliación en su propia muerte. Será Juan quien la salve y quien, en última instancia, con la voluntad de Chole en sus manos, se la entregue a Fernando para siempre, mientras el Amante Imaginario rompe con su amada: la idealización era mejor que la realidad de Cora Yako, una especie de furia sexual posesora que poco tiene que ver con lo que el poeta imaginaba.

La prédica casoniana en favor de la vida, de la felicidad y del amor se cierra con este beatífico desenlace que necesariamente acaba con la existencia del sanatorio para suicidas. Los puntos endebles de la trama están precisamente en la idealización excesiva, en esa búsqueda de una «poesía» de la existencia que poco tenía que ver con la realidad española de 1937 —aunque hemos de presumir la escrita con anterioridad— y que más bien parece fruto de una reflexión dramática sobre las relaciones humanas, pues, en última instancia, el tema del suicidio queda como telón de fondo al enfrentamiento clave: la felicidad e infelicidad en dos hermanos, en dos seres a quien el destino se muestra con doble faz, como Jano. La justicia o injusticia nada tienen que ver con el corazón ni con los sentimientos que presiden las relaciones entre los humanos.

Mauro ARMIÑO

Bibliografía de Alejandro Casona

a) Obras*

* *El crimen de Lord Arturo,* Zaragoza, 1929.
* *La sirena varada,* Madrid, 1934.
* *El misterio de María Celeste,* Valencia, 1935.
* *Otra vez el diablo,* Madrid, 1935.
* *El mancebo que casó con mujer brava,* Madrid, 1935.
* *Nuestra Natacha,* Madrid, 1936.
* *Prohibido suicidarse en primavera,* México, 1937.
* *Romance en tres noches,* Caracas, 1938.
* *Sinfonía inacabada,* Montevideo, 1940.
* *Pinocho y la Infantina Blancaflor,* Buenos Aires, 1940.
* *Las tres perfectas casadas,* Buenos Aires, 1941.
* *La dama del alba,* Buenos Aires, 1944.
* *La barca sin pescador,* Buenos Aires, 1945.
* *La molinera de Arcos,* Buenos Aires, 1947.
* *Sancho Panza en la Ínsula,* Buenos Aires, 1947.
* *Los árboles mueren de pie,* Buenos Aires, 1949.
* *La llave en el desván,* Buenos Aires, 1951.
* *A Belén pastores,* Montevideo, 1951.
* *Siete gritos en el mar,* Buenos Aires, 1952.
* *La tercera palabra,* Buenos Aires, 1953.

* Fechas de estreno.

* *Corona de amor y muerte,* Buenos Aires, 1955.
* *La casa de los siete balcones,* Buenos Aires, 1957.
* *Carta de una desconocida,* Porto Alegre, 1957.
* *Tres diamantes y una mujer,* Buenos Aires, 1961.
* *Carta de amor de una monja portuguesa,* Buenos Aires, 1962.
* *El caballero de las espuelas de oro,* Puertollano, 1962.
* *Don Rodrigo,* libreto para una ópera de Alberto Ginastera.

b) *Estudios*

BALSEIRO, José A. y J. RIIS OWRE: «Introduction» a la edición de *La barca sin pescador,* New York, 1960.

GARCÍA GÓMEZ, Juan de Dios: *Alejandro Casona: la poesía de la muerte,* Universidad de Murcia, (Tesis), 2001.

GURZA, Esperanza: *La realidad caleidoscópica de Alejandro Casona,* Oviedo, 1968.

LEIGHTON, H.: «Alejandro Casona and the significance of Dreams», en *Hispania,* XLIV, 1962, pp. 697-703.

RODRÍGUEZ CASTELLANOS, Juan: «Introduction» a la edición de *Los árboles mueren de pie,* New York, 1961.

RODRÍGUEZ RICHART, J.: *Vida y teatro de Alejandro Casona,* Oviedo, 1963.

SAINZ DE ROBLES, Federico Carlos: «Prólogo» a *Obras completas,* de Alejandro Casona, Madrid, 1954.

Casona
y su época

Cronología

AÑO	VIDA Y OBRA DE CASONA
1903	El 23 de marzo nace en Besullo (Asturias) Alejandro Rodríguez Álvarez (Casona), hijo de don Gabino Rodríguez Alvarez y de doña Faustina Álvarez García, maestros ambos.
1909	
1910	
1911	
1912	
1913	
1914	Comienza los estudios de Bachillerato en el Instituto Jovellanos de Gijón.
1916	Prosigue sus estudios de Bachillerato en el Instituto de Palencia a causa de los traslados de sus padres.
1917	La familia se traslada a Murcia, en donde residirá los cinco años siguientes. Continúa el Bachillerato en el Instituto de la ciudad.

PANORAMA CULTURAL	ACONTECIMIENTOS HISTÓRICOS
Nacen Jardiel Poncela, Max Aub y Alberti. Benavente estrena *La noche del sábado*.	
Benavente, *Los intereses creados*. Marinetti, *Primer manifiesto futurista*.	Comienza la guerra de Marruecos. *Semana Trágica* de Barcelona.
Marquina, *En Flandes se ha puesto el sol*. Nacen Miguel Hernández y Luis Rosales.	Gobierno liberal de Canalejas.
Estrenos de *Canción de cuna*, de G. Martínez Sierra, y de *El Alcázar de las perlas*, de F. Villaespesa. Se crea la Residencia de Estudiantes.	
Estreno de *Malvaloca*, de los Álvarez Quintero. Machado publica *Campos de Castilla*.	Asesinato de Canalejas.
Benavente, *La malquerida*. Bernard Shaw, *Pigmalión*.	Gobierno conservador de Dato.
	Comienza la Primera Guerra Mundial.
Nacen A. Buero Vallejo y C. José Cela. Muere Rubén Darío.	
	Revolución socialista rusa. Huelga general en España.

AÑO	VIDA Y OBRA DE CASONA
1920	Curso preparatorio de Filosofía y Letras en la Universidad de Murcia y estudios de Magisterio en la Escuela Normal de la misma ciudad. Publica *La empresa del Ave María,* romance histórico que había ganado un certamen en Zamora.
1921	
1922	Se traslada a Madrid para estudiar en la Escuela Superior del Magisterio. Permanece en Madrid hasta 1928, asiste a las tertulias literarias de Pombo y del Café de Platerías.
1923	
1924	
1926	Publica su primer libro: *El peregrino de la barba florida.* Presenta su trabajo de fin de estudios, curiosamente titulado *El diablo en la literatura y en el arte.*
1927	Traduce y elabora el prólogo de algunas novelas breves de Voltaire.
1928	Es destinado a Les, pueblecito del Valle de Arán (Lérida). Se casa en San Sebastián con Rosalía Martín Bravo, compañera de estudios de Madrid. *Otra vez el diablo* finalista en un concurso de ABC.
1929	Estrena en Zaragoza *El crimen de Lord Arturo,* adaptación de una novela de O. Wilde. Traduce cuatro piezas breves de A. Strindberg.

PANORAMA CULTURAL	ACONTECIMIENTOS HISTÓRICOS
Valle-Inclán, *Divinas palabras y Luces de bohemia*. Nace Miguel Delibes.	Se crea el Partido Comunista de España.
Pirandello estrena *Seis personajes en busca de autor. El señor de Pigmalión,* de J. Crau, se estrena en París.	Asesinato de Dato. Desastre de Annual, en Marruecos.
Benavente, Premio Nobel de Literatura. James Joyce publica *Ulises.*	Mussolini llega al poder en Italia. Stalin comienza las depuraciones.
Fundación de la *Revista de Occidente* dirigida por Ortega y Gasset.	Dictadura de Primo de Rivera.
Neruda, cónsul de Chile en Madrid.	
Lorca estrena *Mariana Pineda.* Marquina, *La ermita, la fuente y el río.*	Acaba la guerra con Marruecos.
Lorca, *Romancero gitano.* Guillén, *Cántico.* Brecht, *La ópera de tres cuartos.*	
Lorca, *Poeta en Nueva York.* Alberti, *Sobre los ángeles.* Buñuel, *Un perro andaluz.*	Exposición Universal de Barcelona e Hispanoamericana de Sevilla. Caída de la Bolsa de Nueva York.

AÑO	VIDA Y OBRA DE CASONA
1930	Publica *La flauta del sapo,* segundo libro de poemas y primero que aparece con el seudónimo Casona. Nace su única hija Marta.
1931	Se instala en Madrid. Envía *La sirena varada* al dramaturgo barcelonés Adrián Gual. Se le encomienda la dirección del *Teatro del Pueblo,* labor que desempeña hasta el comienzo de la guerra civil.
1932	Gana el Premio Nacional de Literatura por su libro *Flor de leyendas.*
1933	Con *La sirena varada* logra el Premio Lope de Vega del Ayuntamiento de Madrid.
1934	Estrena *La sirena varada en* el Teatro Español de Madrid.
1935	Estrena en Madrid *Otra vez el diablo. Nuestra Natacha* se estrena en Barcelona.
1936	Al estallar la guerra civil, en un primer momento pasa a Francia, pero regresa a España y se presenta en Madrid.
1937	Marcha a Francia como director artístico de la compañía teatral de Josefina Díaz y Manuel Collado, con la que inicia una gira por América. Estrena en México *Prohibido suicidarse en primavera.*

PANORAMA CULTURAL	ACONTECIMIENTOS HISTÓRICOS
Valle-Inclán publica *Martes de carnaval*.	Caída de Primo de Rivera. *Dictablanda* del general Berenguer. Pacto republicano de San Sebastián.
Unamuno publica *San Manuel Bueno, mártir*. Lorca publica *Poema del cante jondo*, escrito diez años antes.	Proclamación de la II República. Alfonso XIII abandona España. Crisis económica mundial.
Mihura escribe *Tres sombreros de copa*, aunque no se estrenará hasta 1952. Lorca crea *La Barraca*.	Frustrado golpe militar del general Sanjurjo. Ley de Reforma Agraria.
Lorca estrena *Bodas de sangre*. Jardiel Poncela estrena *Usted tiene ojos de mujer fatal*.	Fundación de Falange Española. Hitler sube al poder.
Lorca, *Yerma*. Jardiel Poncela, *Angelina o el honor de un brigadier*.	Gobierno derechista de Lerroux. Revolución de octubre en Asturias y en Cataluña.
Max Aub escribe *Jácara del avaro* para el Teatro del Pueblo que dirigía Casona.	
Lorca termina *La casa de Bernarda Alba*. Muerte de Valle-Inclán, Lorca, Unamuno, Maeztu.	Azaña, presidente del Gobierno. Estalla la guerra civil. Muere José Antonio Primo de Rivera.
Exposición de París. *El Guernica*, de Picasso.	Guerra civil: bombardeo de Guernica por la aviación alemana.

AÑO	VIDA Y OBRA DE CASONA
1938	Estrena en Caracas *Romance de Dan y Elsa,* que más adelante titulará *Romance en tres noches.*
1939	Llega a Buenos Aires, donde establece su residencia.
1940	Estrena en Montevideo *Sinfonía inacabada.*
1941	Estrena *Las tres perfectas casadas* en Buenos Aires. Primeros guiones para el cine y la radio.
1942	
1943	Guiones cinematográficos de *Casa de muñecas,* de Ibsen; *El abuelo,* de Galdós...
1944	Estreno en Buenos Aires de *La dama del alba.*
1945	Estrena en Buenos Aires *La barca sin pescador.*
1946	

PANORAMA CULTURAL	ACONTECIMIENTOS HISTÓRICOS
	Guerra civil: dura batalla del Ebro, la Alemania de Hitler inicia su expansión: anexión de Austria.
Brecht, *Madre coraje y sus hijos,* Muere Antonio Machado.	Fin de la guerra civil. El exilio. Estalla la Segunda Guerra Mundial.
Jardiel Poncela estrena *Eloísa está debajo de un almendro.*	Entrevista Franco-Hitler en Hendaya. Neutralidad española.
Muere Miguel Hernández. Cela, *La familia de Pascual Duarte.*	
Max Aub escribe *San Juan.* Brecht estrena *El alma buena de Sechuan.*	
Max Aub escribe *Morir por cerrar los ojos.* Dámaso Alonso publica *Hijos de la ira.*	
	Creación de la ONU. Bombas atómicas sobre Hiroshima y Nagasaki. Fin de la II Guerra Mundial.
	Retirada de embajadores de Madrid. Francia cierra la frontera con España. Acto de afirmación en la Plaza de Oriente.

AÑO	VIDA Y OBRA DE CASONA
1947	*La molinera de Arcos* es estrenada en Buenos Aires.
1949	Publica *Retablo jovial*. Estrena *Los árboles mueren de pie*.
1950	
1951	Estrena *La llave en el desván*.
1952	Estrena *Siete gritos en el mar*.
1953	Estrena *La tercera palabra*.
1954	Aparece el primer tomo de sus *Obras Completas*.
1955	Estrena *Corona de amor y muerte* en Buenos Aires.
1956	
1957	Estreno de *La casa de los siete balcones* en Buenos Aires y de *Carta de una desconocida* en Porto Alegre (Brasil).

PANORAMA CULTURAL	ACONTECIMIENTOS HISTÓRICOS
Muere G. Martínez Sierra. Jean Genet, *Las criadas*.	Plan Marshall de ayuda a Europa, el régimen de Franco queda excluido.
Buero Vallejo estrena *Historia de una escalera*. A. Miller, *La muerte de un viajante*.	Se crea la OTAN, en la que no participa España.
Buero Vallejo, *En la ardiente oscuridad*. Ionesco, *La cantante calva*.	Estados Unidos reconoce al régimen de Franco. Retorno de embajadores a Madrid.
Muere Pedro Salinas. Ionesco, *Las sillas*.	
Muere Jardiel Poncela. Mihura estrena *Tres sombreros de copa*.	
Alfonso Sastre estrena *Escuadra hacia la muerte*. S. Beckett, *Esperando a Godot*.	Concordato con la Santa Sede. Primer acuerdo de cooperación entre España y Estados Unidos: las bases americanas.
Muere Benavente.	
	España ingresa en la ONU.
Juan Ramón Jiménez recibe el Premio Nobel. Buero Vallejo estrena *Hoy es fiesta*.	Primeros movimientos de protesta estudiantil.
	Tratado de Roma: nace la Comunidad Económica Europea. Lanzamiento del primer satélite ruso.

AÑO	VIDA Y OBRA DE CASONA
1958	
1959	Aparece el tomo II de sus *Obras Completas*.
1960	
1961	Estrena *Tres diamantes y una mujer*.
1962	Regresa a España. Estreno en Madrid de *La dama del alba*.
1963	Estrena en Madrid *La barca sin pescador* y *Los árboles mueren de pie*.
1964	Estrena *La casa de los siete balcones* y *El caballero de las espuelas de oro*.
1965	El 17 de septiembre muere en Madrid.

PANORAMA CULTURAL	ACONTECIMIENTOS HISTÓRICOS
Buero Vallejo, *Un soñador para un pueblo.*	Juan XXIII, papa. Primer satélite norteamericano.
	Victoria de Fidel Castro en Cuba. El presidente Eisenhower visita España.
A. Sastre estrena *La cornada.* Buero Vallejo, *las Meninas.*	
	Comienza el desarrollo turístico en España. Kennedy, presidente. Muro de Berlín.
Buero Vallejo, *El concierto de San Oviedo.* Lauro Olmo, *la camisa.*	Huelga en Asturias. Concilio Vaticano II.
Muere Gómez de la Serna.	Protestas laborales en el Norte de España. Ejecución de J. Grimau. Asesinato de Kennedy.

Prohibido suicidarse en primavera

Comedia en tres actos

Personajes

CHOLE
ALICIA
LA DAMA TRISTE
CORA YAKO
FERNANDO
JUAN
DOCTOR RODA
HANS
EL AMANTE IMAGINARIO
EL PADRE DE LA OTRA ALICIA

Estrenada en el Teatro Arbeu, de México, el 12 de junio de 1937, por la Compañía Josefina Díaz-Manuel Collado.

Acto Primero

Eᴎ el Hogar del Suicida, sanatorio de almas del doctor Ariel. Vestíbulo como de hotel de montaña, recordando esos paradores de turismo construidos sobre ruinas de antiguos monasterios y artísticamente remozados por un gusto nuevo. Todo es aquí extraño, sugeridor y confortable: el mobiliario, la plástica, el trazado de las arquerías, la disposición indirecta de las luces acristaladas. En las paredes, bien visibles, óleos de suicidas famosos reproduciendo las escenas de su muerte: Sócrates Cleopatra, Séneca, Larra. Sobre un arco, tallados en piedra, los versos de Santa Teresa: «Ven, Muerte, tan escondida —que no te sienta venir— porque el placer de morir —no me vuelva a dar la vida.

Amplia verja al fondo, sobre un claro jardín de sauces y rosales. El jardín tiene un lago, visible en parte, un fondo lejano de cielo azul y montañas jóvenes nevadas. En ángulo, a la derecha, arranca una galería oscura, en arco, con pesada puerta de herrajes, practicable; sobre el dintel, una inscripción que dice: «Galería del Silencio». En frente, otra semejante, pero clara y sin puertas: «Jardín de la Meditación».

En escena, el Doctor Roda y Hans, su ayudante, con bata de enfermero. El primero, de aspecto inteligente y bondadoso; el segundo, de rostro y palabra mortalmente serios. El doctor, al lado de una mesa volante de trabajo, revisa sus ficheros.

DOCTOR.—Desengaños de amor, 8. Pelagra, 2. Vidas sin rumbo, 4. Catástrofe económica... cocaína... ¿No tenemos ningún caso nuevo?

HANS.—El joven que llegó anoche. Está paseando por el parque de los sauces, hablando a solas.

DOCTOR.—¿Diagnóstico?

HANS.—Dudoso. Problema de amor. Parece de esos curiosos de la muerte que tienen miedo cuando la ven de cerca.

DOCTOR.—¿Ha hablado usted con él?

HANS.—Yo sí, pero no me ha contestado. Sólo quiere estar solo.

DOCTOR.—¿Decidido?

HANS.—No creo: muy pálido, temblándole las manos. Al dejarle en el jardín he roto detrás de él una rama seca, y se volvió sobresaltado, con cara de espanto.

DOCTOR.—Miedo nervioso. Muy bien; entonces hay peligro todavía. ¿Su ficha?

HANS.—Aquí está.

DOCTOR (*Leyendo*).—«Sin nombre. Empleado de banca. Veinticinco años. Sueldo, doscientas pesetas. Desengaño de amor. Tiene un libro de poemas inédito». Ah, un romántico; no creo que sea peligroso. De todos modos vigílelo sin que él se dé cuenta. Y avise a los violines: que toquen algo de Chopin en el bosque al caer la tarde. Eso le hará bien. ¿Ha vuelto a ver a la señora del pabellón verde?

Hans.—¿La Dama Triste? Está en el jardín de Werther.

Doctor.—¿Vigilada?

Hans.—¿Para qué? La he venido observando estos días; ha visitado todas nuestras instalaciones: el lago de los ahogados, el bosque de suspensiones, la sala de gas perfumado... Todo le parece excelente en principio, pero no acaba de decidirse por nada. Sólo le gusta llorar.

Doctor.—Déjala. El llanto es tan saludable como el sudor, y más poético. Hay que aplicarlo siempre que sea posible como la medicina antigua aplicaba la sangría.

Hans.—Pero es que igual le ocurre al profesor de Filosofía. Ya se ha tirado tres veces al lago, y las tres veces ha vuelto a salir nadando. Perdóneme el doctor, pero creo que ninguno de nuestros huéspedes hasta ahora tiene el propósito serio de morir. Temo que estamos fracasando.

Doctor.—Paciencia, Hans, nada se debe atropellar. La Casa del Suicida está basada en un absoluto respeto a sus acogidos, y en el culto filosófico y estético de la muerte. Esperemos.

Hans.—Esperemos (*Señalando con un gesto*). La Dama Triste. (*La Dama Triste llega al jardín de la meditación.*)

Dama.—Perdóneme, doctor...

Doctor.—Señora...

Dama.—He seguido sus consejos con la mejor voluntad: he llorado toda la mañana, me he sentado bajo un sauce mirando fijamente el agua... Y nada. Cada vez me siento más cobarde.

HANS (*Animándola*).—¿Ha visto usted nuestro muestrario último de venenos?

DAMA.—Sí, los colores son preciosos, pero el sabor debe ser horrible.

HANS.—Puede añadirle un poco de menta, espliego...

DAMA.—No sé... El lago también me gustaría, pero está tan frío. No sé, no sé qué hacer... ¿Qué pensará usted de mí, doctor?

DOCTOR.—Por Dios, señora; le aseguro que no tenemos prisa alguna.

DAMA.—Gracias. ¡Ah, morir es hermoso, pero matarse!... Dígame, doctor: al pasar por el jardín he sentido un mareo extraño. Esas plantas, ¿no estarán envenenadas?

DOCTOR.—No; todavía no hemos descubierto la manera de envenenar un perfume.

DAMA.—Lástima, ¡sería tan bonito! ¿Por qué no lo ensayan ustedes?

DOCTOR.—Es difícil.

DAMA.—Inténtelo. Yo tampoco tengo prisa: puedo esperar.

DOCTOR.—Siendo así, lo ensayaremos.

DAMA.—Gracias, doctor, es usted muy amable conmigo.

(*Va a salir. Se detiene a ver entrar al Amante Imaginario. Es un joven de aspecto romántico y enfermizo. Vive ensimismado. Suena detrás de él una campana, y se vuelve sobresaltado. Se recobra. Saluda turbado.*)

AMANTE.—Buenos días...

DOCTOR.—¿Ha elegido usted ya su... procedimiento?

AMANTE.—No, todavía no. Pensaba.

HANS (*Ofreciendo la mercancía como en un bazar*).—Tenemos un sauce especial para enamorados, un lago de leyenda... Si le gustan los clásicos, podemos ofrecerle el ramo de rosas con áspid, modelo Cleopatra, el baño tibio, la cicuta socrática...

AMANTE.—¿Para qué tanto? Cuando la vida pesa basta con un árbol cualquiera.

HANS (*Apresurándose a tomar nota en su cuaderno*).—Ah, muy bien. «Suspensión». Perfectamente. ¿Número de cuello?

AMANTE.—Treinta y siete, largo.

HANS.—Treinta y siete. ¿Tiene preferencia por algún árbol?

AMANTE (*En una reacción brusca*).—¡Oh, cállese, no puedo oírle! Tiene usted la frialdad de un funcionario. Es odioso oír hablar así de la Muerte. (*Transición.*) Perdón... (*Va a salir por la Galería del Silencio.*)

DOCTOR.—Un momento. Si no se ha decidido aún... esa Galería no debe atravesarse más que en la hora decisiva. Al jardín de la Meditación, por aquí.

AMANTE.—Gracias.

DOCTOR.—¿Necesita alguna cosa? ¿Libro, licores, música...?

AMANTE.—Nada, gracias... (*Sale. Saluda a la Dama Triste con una inclinación de cabeza.*)

DAMA.—¿Otro desesperado? ¡Qué pena, tan joven...! ¿Algún desengaño de amor?

DOCTOR.—Así parece.

DAMA.—¡Pero si es un niño! De todos modos, dichoso él. ¡Si yo tuviera al menos una historia de amor para recordarla! (*Sale.*)

HANS.—Y así todos. Mucho llanto, mucha tristeza poética; pero matar no se mata ninguno.

DOCTOR.—Esperemos, Hans.

HANS (*Sin gran ilusión*).—Esperemos. ¿Alguna orden para hoy?

DOCTOR.—Sí, hágame el favor de revisar la instalación eléctrica. La última vez que el profesor de Filosofía se tiró al agua no funcionaron los timbres de alarma.

(*Sale Hans. El Doctor se dispone a tomar unas notas. Se oye de pronto un grito de mujer. Por la Galería del Silencio sale corriendo Alicia; una muchacha, apenas mujer, de dulce aspecto. Viste con una sencillez humilde y limpia. Viene espantada, como huyendo de un peligro inmediato.*)

ALICIA Y EL DOCTOR

ALICIA.—¡No! ¡No quiero morir..., no quiero morir!... (*Al ver al Doctor, que acude a ella.*) ¡Paso! ¡Déjeme salir de aquí!

DOCTOR.—Calma, muchacha. ¿Adónde va usted?

ALICIA.—No sé: ¡al aire libre!..., ¡a la vida otra vez!... ¡Déjeme! (*Volviéndose sobresaltada.*) ¿Quién anda ahí?

DOCTOR.—Nadie.

ALICIA.—He visto una sombra. La he oído reír...

DOCTOR.—Vamos, vamos, alucinaciones.

ALICIA (*Empieza a sentirse aliviada. Se pasa una mano por la frente*).—¿Quién es usted?

DOCTOR.—El doctor Roda, director de la Casa. Tranquilícese.

ALICIA.—¿Por qué hacen ustedes esto? Esos árboles extraños, con cuerdas colgadas, esa música invisible, esa Galería negra que da vueltas y vueltas... ¡Es horrible!

DOCTOR.—No lo crea. Está usted dominada por un miedo pueril. Pero le aseguro que nada de eso es verdad. ¿Quiere usted volver conmigo?

ALICIA.—¡No! ¡Volver, no! Quiero salir de aquí.

DOCTOR.—Nadie la detiene. No sé quién es usted, ni por dónde ha entrado, ni por qué ha venido aquí; pero no importa. Ahí está el parque; bordeando el lago saldrá a la carretera; al otro lado de las montañas se ve, lejos, la ciudad. Es usted libre.

ALICIA (*Con una amargura infinita*).—La ciudad... La ciudad otra vez... (*Se deja caer llorando en un asiento. El Doctor la contempla, conmovido. Pausa.*)

DOCTOR.—¿Por qué ha venido aquí? ¿Sabe usted dónde está?

ALICIA.—Sí, fue un momento de desesperación. Había oído hablar de una Casa de Suicidas, y no podía más. El hambre..., la soledad...

DOCTOR.—¿Ha vivido siempre sola?

ALICIA.—Siempre. Nunca he conocido amigos, ni hermanos, ni amor.

DOCTOR.—¿Trabajaba usted?

ALICIA.—Más de lo que podía resistir. ¡Yen tantas cosas! Primero fui enfermera; pero no servía: les tomaba demasiado cariño a mis enfermos, ponía toda mi alma en ellos. Y era tan amargo después verlos morir... o verles curar, y marchar, también para siempre.

DOCTOR.—¿No volvió a ver a ninguno?

ALICIA.—A ninguno. La salud es demasiado egoísta. Sólo uno me escribió una vez, pero ¡desde tan lejos! Había ido al Canadá, a cortar árboles para hacerse una casa... y meterse dentro con otra mujer.

DOCTOR.—¿Qué fue lo que la decidió a venir aquí?

ALICIA.—Fue anoche. No podía más. Estaba sin trabajo hacía quince días. Tenía hambre: un hambre dolorosa y sucia; un hambre tan cruel que me producía vómitos. En una calle oscura me asaltó un hombre; me dijo una grosería atroz enseñándome una moneda... Y era tan brutal aquello que yo rompí a reír como una loca, hasta que caí sin fuerzas sobre el asfalto, llorando de asco, de vergüenza, de hambre, insultada...

DOCTOR.—Comprendo.

ALICIA.—No, no lo comprende usted. Aquí, entre los árboles y las montañas, no pueden comprenderse esas cosas. El hambre y la soledad verdaderos sólo existen en la ciudad. ¡Allí sí que se siente uno solo entre millones de seres indiferentes y de ventanas iluminadas! ¡Allí sí que se sabe lo que es el hambre, delante de los escaparates y los restaurantes de lujo!... Yo he sido modelo en una casa de modas. Nunca había sabido hasta entonces lo triste que es después dormir en una casa fría, desnuda de cien vestidos, y con los dedos llenos de recuerdos de pieles.

DOCTOR.—Espero que no sea la envidia del lujo lo que ha causado su desesperación.

ALICIA.—Oh, no. Nunca le he pedido demasiado a la vida. ¡Pero es que la vida no ha querido darme nada! Al hambre se la vence; ya la he vencido otras veces. Pero... ¿y la soledad? ¿Sabe usted por qué he venido aquí?

DOCTOR.—Eso es lo que no acabo de comprender.

ALICIA.—Es natural; en un momento de desesperación, una se mata en cualquier parte. Pero yo, que he vivido siempre sola, ¡no quería morir sola también! ¿Lo entiende ahora? Pensé que en este refugio encontraría otros desdichados dispuestos a morir, y que alguno me tendería su mano... Y llegué a soñar como una felicidad con esta locura de morir abrazada a alguien; de entrar al fin en una vida nueva por un compañero de viaje. Es una idea ridícula, ¿verdad?

DOCTOR (Interesado).—De ninguna manera. ¿Trató usted de buscar a ese compañero?

ALICIA.—¿Para qué? Cuando llegué aquí ya no sentía más que el miedo. Me perdí por esas galerías, me pareció ver una sombra extraña que me buscaba... y eché a correr, gritando, hacia la luz. Fue como una llamada de toda mi sangre. Entonces comprendí mi tremenda equivocación; venía huyendo de la soledad... y la muerte es la soledad absoluta.

DOCTOR.—Magnífico, muchacha. Su juventud la ha salvado. Usted ya no me necesita, pero acaso yo la necesite a usted. Dígame, ¿tiene mucho interés en volver a esa ciudad donde nadie la espera?

ALICIA. ¿Adónde voy a ir?

DOCTOR.—¿Querría usted quedarse en esta casa?

ALICIA (Con miedo aún).—¡Aquí!

DOCTOR.—No tenga miedo. Aparentemente esto no es más que un extravagante Club de Suicidas. Pero, en el fondo, intenta ser un sanatorio. Usted, que sólo le pide a la vida una mano amiga y un rincón caliente, tiene mucho que enseñar aquí a otros que tienen la fortuna y el amor, y se creen desgraciados. Ayúdenos usted a salvarlos.

ALICIA.—Pero, ¿qué puedo yo hacer?

DOCTOR.—Usted ha curado heridos; sea aquí nuestra enfermera de almas. Ya hablaremos. Por lo tanto, olvide su desesperación de anoche. Mi mesa está siempre dispuesta. ¿Quiere aceptar también mi mano de amigo?

ALICIA (*Estrechándola conmovida*).—Gracias...

DOCTOR.—Por aquí. Y no pierda su fe. No le pida nunca nada a la vida. Espere... y algún día la vida le dará una sorpresa maravillosa. (*Sale con ella. La escena sola un momento.*)

(*Estalla fuera una alegre risa de mujer. Entra corriendo Chofe: una juventud impetuosa y sana. Asomada a la verja, llama con el grito jubiloso de los montañeros.*)

CHOLE.—¡Ohoh! (*Abre la verja de par en par. Penetra en escena. Mira agradablemente sorprendida en torno, y vuelve a llamar hacia el exterior.*) ¡Ohoh! (*Contesta fuera, la voz de Fernando.*) Voz.—¡Ohoh!

(*Entra Fernando, joven también, alegre y decidido como ella. Traje de viaje, equipaje de mano, cámara fotográfica en bandolera.*)

FERNANDO Y CHOLE. *Después,* LA DAMA TRISTE

FERNANDO.—¿Tierra firme?

CHOLE.—¡Y qué tierra! Montañas con sol y nieve, un lago, un hotel confortable, ¡y nosotros! Mira qué nombres tan bonitos: «Galería del Silencio»... «Jardín de la Meditación»... Y en el parque, ¿has visto? «Sauce de los enamorados», con cuerdas colgadas... para los columpios. Dame las gracias ahora mismo, Fernando.

FERNANDO.—Gracias, Chole... ¡Qué aspecto extraño tiene todo esto!

CHOLE.—¡Encantador!

FERNANDO.—Encantador, pero extraño. Seguramente uno de esos paradores de turismo para ingleses y enamorados.

CHOLE.—Lo que nos hacía falta. ¡Ay, qué vacaciones, Fernando! ¿Ves? Siempre debías dejarme conducir a mí. Te vuelves de espaldas a los mapas, te metes por las carreteras por donde no va nadie, cierras los ojos en los cruces apretando el acelerador... y siempre sales a algún sitio inesperado y maravilloso. La primera vez que me dejaste el volante descubrimos así unas ruinas góticas, ¿te acuerdas? La segunda...

FERNANDO.—La segunda nos fuimos contra un castaño de Indias.

CHOLE.—Pero no se destrozó más que el coche. ¿Y aquella cabaña de pescadores donde nos recogieron? ¿Y aquella herida, tan bonita, que te hiciste en el hombro? ¡Qué bien te sentaba aquel gesto triste, Fernando! No te lo había visto nunca. ¿Dónde fue?

FERNANDO.—En una costa: el Cantábrico..., el Báltico... Ya no me acuerdo.

CHOLE.—Yo tampoco; pero era un mar auténtico; sin bañistas, sin casino. ¡Con unos hombres rubios y grandes, que cantaban a coro! Y ahora, ¿qué me dices ahora? ¿He sido un buen timonel?

FERNANDO.—¡Magnífico!

CHOLE.—Me dijiste: tenemos una semana de vacaciones en el periódico; vámonos a guarecer nuestro amor en cualquier rincón tranquilo y feliz... Aquí lo tienes.

FERNANDO.—Decididamente, ¿nos quedamos aquí?

CHOLE.—¿Dónde mejor? Además, no podríamos seguir aunque quisiéramos. ¡Si todo ha sido providencial en este viaje! Tomé esta carretera porque no figura en la guía; justo al llegar se nos acabó la gasolina. Y en cuanto nos apeamos saltó una alondra a la derecha. ¡Buen augurio!

FERNANDO.—Así sea. Pero ¿es qué no hay nadie en este hotel? *(Llamando a gritos hacia un lado.)* ¡Ohoh! *(Pausa.)*

CHOLE *(Hacia el otro).*—¡Ohoh! *(Pausa.)*

FERNANDO.—Nadie.

CHOLE.—Mejor. ¡La montaña y nosotros! ¿Qué más nos hace falta? *(Solemne.)* En nombre de España, tomamos posesión de esta isla desierta. ¡Hurra, capitán!

FERNANDO.—¡Hurra timonel!

CHOLE *(Abriendo los brazos).*—¿Cómo llamaremos a este rincón feliz?

FERNANDO.—¿Cómo se llaman todos los rincones de la tierra donde estemos tú y yo?

CHOLE.—¡El paraíso!

FERNANDO.—El paraíso... *(Se besan riendo, dichosos de amor y juventud. Entra la Dama Triste. Los contempla con una ternura llena de lástima. Fernando se aparta al verla.)* ¡La serpiente!

DAMA.—Pobres... ¿Ustedes también?

FERNANDO.—Señora...

DAMA.—¡Qué pena! Tan jóvenes, con toda una vida por delante y queriéndose así... Novios, ¿verdad?... ¡Qué pena, Señor, qué pena!... *(Cruza la escena y sale).*

FERNANDO.—¿Por qué le dará pena a esa señora que seamos tan jóvenes?

CHOLE.—No lo habrá sido nunca. ¿Has visto qué aire melancólico?

FERNANDO.—Enferma del hígado, seguro. Lo siento por ti, Chole: me habías prometido llevarme al paraíso, pero creo que me has metido en un balneario.

CHOLE (*Que se ha quedado mirando los cuadros, extrañada*).—Pues tampoco es un balneario.

FERNANDO.—¿ No ?

CHOLE.—Mira...

FERNANDO (*Leyendo las inscripciones de los cuadros que ella señala*).—«Sócrates. Siglo quinto de Grecia. Cicuta»... «Séneca. Siglo primero de Roma. Sangría»...

CHOLE.—«Larra. Siglo romántico de España. Pistola»...

FERNANDO (*Comenzando a inquietarse.*)—Huy, huy, huy...

CHOLE.—¿Y aquí? Sobre el arco: (*Lee.*) «Ven, Muerte, tan escondida —que no te sienta venir porque el placer de morir— no me vuelva a dar la vida». Santa Teresa. (*Pausa. Se miran desconcertados.*)

FERNANDO.—¡A que nos hemos metido en un convento!

CHOLE.—¡Un convento! No digas... El claustro de mirtos, con un surtidor, las filas de hábitos blancos por las galerías, los maitines... ¡Sería magnífico!

FERNANDO.—Para el turismo. Pero no me parece lo más indicado para dos novios en vacaciones.

CHOLE.—Dos novios, dos novios... Dicho así, parecemos dos novios como los demás. ¡Y no! (*Con fuego.*) ¡Los novios! ¡Los únicos! ¿Quién se ha querido en el mundo antes que nosotros?

FERNANDO.—¡Nadie!

CHOLE.—¿Quién se atreverá a quererse después?

FERNANDO.—¡Nadie!

CHOLE (*Abriendo nuevamente los brazos*).—¡Capitán!

FERNANDO.—¡Timonel!

(*Rompiendo el abrazo, pasa Hans por el arco del jardín. Va tocando una campanilla. Se asoma a escena y grita.*)

HANS.—Sala de la cicuta... ¡libre!

(*Sigue con su campanilla. Pausa. Chole y Fernando se miran inmóviles.*)

CHOLE (*Aterrada*).—¿Ha dicho sala de la cicuta?

FERNANDO.—Huy, huy, huy... (*Toma un libro sobre la mesa del Doctor.*) ¡Demonio!

CHOLE.—¿Qué?

FERNANDO.—¡Este libro!... «El suicidio considerado como una de las Bellas Artes». (*Suelta el libro.*) Me parece, Chole, que no te vuelvo a dejar el volante.

CHOLE (*Disponiéndose a huir*).—¿Dónde pusiste el maletín?

FERNANDO.—¡Eh, alto! ¡Huir, no! Somos periodistas. Chole. Cuando un periodista se tropieza con algo sensacional, no retrocede aunque lo que tenga delante sea un rinoceronte. Antes morir. Deja ese maletín.

(*Entra el Doctor. Va hacia su mesa. Se detiene al verlos.*)

FERNANDO, CHOLE Y EL DOCTOR

DOCTOR.—¿Les atienden a ustedes?

CHOLE.—No, gracias. Sólo entramos a dar un vistazo. Muy interesante, muy interesante... Fernando...

FERNANDO.—¡Chole!... Calma. (*Ella se rehace. Deja el maletín. Avanza heroicamente.*) Desconocido señor, permítame que me presente, Fernando Zara, periodista; especializado en reportajes sensacionales.

DOCTOR.—Mucho gusto.

FERNANDO.—Gracias. Chole, mi compañera, mi novia, mi ninfa Egeria y mi estrella polar. La pareja más feliz de la tierra.

DOCTOR.—Enhorabuena. Doctor Roda, director de la Casa. Pero... si son ustedes una pareja feliz, ¿qué diablos vienen a hacer aquí? ¿Han llegado ustedes voluntariamente?

CHOLE.—Hemos llegado fatalmente. Conducía yo.

DOCTOR.—¿Y saben ustedes dónde están?

FERNANDO.—Todavía no, pero lo sabremos en seguida. Es nuestra profesión.

DOCTOR.—Será si yo no me opongo.

FERNANDO.—Inútil oponerse. Somos periodistas: si nos echa usted por la puerta, volveremos por la ventana. Disfrazados de jardineros, de inspectores de teléfonos, de vendedores de frutas, nos tendría usted aquí irremediablemente. No hay nada que hacer, doctor.

CHOLE (*Avanzando hacia él*).—Nosotros no retrocedemos aunque tengamos delante un rinoceronte... ¡Oh, perdón!...

FERNANDO.—¿Su respuesta?

DOCTOR (*Los mira entre severo y sonriente*).—¿Me perdonarían ustedes si les advierto que como todos los seres felices... y como todos los periodistas, son ustedes un poco impertinentes?

FERNANDO.—Perdonado. Pero compréndanos, doctor: el sensacionalismo es de cultivo muy difícil. El mundo produce cada vez menos cosas interesantes, y el público, en cambio, tiene cada vez más hambre de ellas. Usted no puede imaginarse nuestra angustia de exploradores en busca de lo extraordinario; nuestro gozo profesional cuando tropezamos con una banda de secuestradores, con un adulterio bonito...

CHOLE.—¡Ah, la tiranía del público! Y luego la tiranía del director. Todo le parece poco. Para el mes que viene nos ha encargado un naufragio, un evadido de la Guayana, un parto quíntuple y una aurora boreal. No es trabajo fácil, no.

FERNANDO.—No sabe usted lo que es recorrer un mundo de temas agotados para encontrar esa veta sensacional que el público espera siempre. «La serpiente de mar», que llamamos en los periódicos.

DOCTOR.—¿Y creen ustedes haber encontrado aquí su «serpiente de mar»?

FERNANDO.—Le hemos visto la cola.

CHOLE.—No nos cierre las puertas. ¡Ayúdenos, doctor!

DOCTOR (*Con una sonrisa de simpatía*).—Está bien, veamos. ¿Son ustedes, en efecto, una pareja feliz?

FERNANDO (*Posando la mano sobre el hombro de ella*).—¡Cómo no ha habido otra!

DOCTOR.—¿ Enfermedad?

CHOLE.—Ninguna.

DOCTOR.—¿Problemas espirituales?

FERNANDO.—No existen.

DOCTOR.—¿Amor?

CHOLE.—¡Torrencial!

DOCTOR.—¿Dificultades materiales?

FERNANDO.—¿Nosotros? A nosotros nos deja usted esta noche en una selva del centro de África, y mañana por la mañana tomamos café con leche.

DOCTOR.—Es envidiable. En ese caso, yo puedo facilitarles su trabajo. Pero ustedes, en cambio, pueden prestarme a mí un gran servicio.

LOS DOS.—A sus órdenes.

DOCTOR.—Para la buena marcha de esta casa necesitaba yo encontrar los dos extremos opuestos de la fortuna: una vida en derrota, sin amores, sin pasado y sin porvenir. Y una vida en plenitud, audaz, enamorada, llena de esperanzas y de horizontes. Lo primero, lo he encontrado hace un momento. ¿Quieren ustedes ser aquí la vida feliz?

CHOLE.—A sus órdenes, doctor; estamos de vacaciones.

DOCTOR.—Pues siendo así, como colaboradores y amigos, escuchen ustedes.

(Se sientan).

FERNANDO.—¡Chole!

(Chole prepara lápiz y cuaderno.)

DOCTOR.—No; prométanme que no escribirán una sola línea hasta que no conozcan a fondo la institución.

(Chole guarda lápiz y cuaderno.)

Doctor.—¿Conocieron ustedes al doctor Ariel?

Fernando.—El doctor Ariel..., sí...

Chole.—Sí, sí..., el doctor Ariel.

Doctor.—Bien; no le conocieron ustedes. El doctor Ariel fue mi maestro. Su familia, desde varias generaciones, era víctima de una extraña fatalidad: su padre, su abuelo, su bisabuelo, todos morían suicidándose en la plenitud de la vida, cuando empezaban a perder la juventud. El doctor Ariel vivió torturado por esta idea. Todos sus estudios los dedicó a la biología y la psicología del suicida, penetrando hasta lo más hondo en este sector desconcertante del alma. Cuando creyó que su hora fatal se acercaba, se retiró a estas montañas. Aquí cambió sus amigos, sus alimentos y sus libros. Aquí leía a los poetas, se bañaba en las cascadas frías, paseaba sus dos leguas a pie durante el día y escuchaba a Beethoven por las noches. Y aquí murió, vencedor de su destino, de una muerte noble y serena, a los setenta años de felicidad.

Chole (Entusiasmada).—¡Pero muy bonito!

Fernando.—Muy periodístico. Este prólogo queda formidable para señoras.

Doctor.—El doctor dejó escrito un libro maravilloso.

(Lo toma de la mesa.)

Fernando.—Sí. «El suicidio considerado como una de las Bellas Artes».

Doctor.—¡Ah!, ¿lo conocía usted?

FERNANDO.—No hace mucho; pero lo conocía.

DOCTOR.—Este libro está lleno de ciencia; pero también de comprensión humana y de ternura. Vea la dedicatoria: «A mis pobres amigos los suicidas». *(Fernando torna el libro, que hojea de vez en cuando, interesado en sus mapas y estadísticas.)* A estos pobres amigos dejó también el doctor Ariel toda su fortuna. Con ella se fundó el Hogar del Suicida, cuya dirección me confió el maestro... y donde tienen ustedes su casa.

FERNANDO.—Gracias.

CHOLE.—Hasta aquí, todo va bien. Pero si el doctor Ariel murió feliz al fin, ¿por qué la fundación de esta Casa?

DOCTOR.—Ahí empieza el secreto. El doctor Ariel no se limitó a hacer una extravagancia. Fundó, sagazmente, un Sanatorio de Almas. Aparentemente, esta casa no es más que el Club del perfecto suicida. Todo en ella está previsto para una muerte voluntaria, estética y confortable; los mejores venenos, los baños con rosas y música... Tenemos un lago de leyenda, celdas individuales y colectivas, festines Borgia y tañederos de arpa. Y el más bello paisaje del mundo. La primera reacción del desesperado, al entrar aquí, es el aplazamiento. Su sentido heroico de la muerte se ve defraudado. ¡Todo se le presenta aquí tan natural! Es el efecto moral de una ducha fría. Esa noche algunos aceptan alimentos, otros llegan a dormir, e invariablemente todos rompen a llorar. Es la primera etapa.

CHOLE *(Echando mano a su lápiz).*—Magnífico. Segunda etapa.

(Fernando la detiene con un gesto.)

Doctor.—Etapa de la meditación. El enfermo pasa largas horas en silencio y soledad. Luego, pide libros. Después busca compañía. Va interesándose por los casos de sus compañeros. Llega a sentir una piadosa ternura por el dolor hermano. Y acaba por salir al campo. El aire libre y el paisaje empiezan a operar en él. Un día se sorprende a sí mismo acariciando a una rosa...

Fernando.—Y empieza la tercera etapa.

Doctor.—La última. El alma se tonifica al compás de los músculos. El pasado va perdiendo sombras y fuerza; cien pequeños caminos se van abriendo hacia el porvenir, se van ensanchando, floreciendo... Un día ve las manzanas nuevas estallar en el árbol, al labrador que canta sudando al sol, dos novios que se besan mordiéndose la risa... ¡Y un ansia caliente de vivir se le abraza a las entrañas como un grito! Ese día el enfermo abandona la casa, y en cuanto traspasa el jardín, echa a correr sin volver la cabeza. ¡Está salvado!

Chole.—Precioso. Parece una balada escocesa.

Fernando.—No está mal. Periodísticamente era más interesante que se matasen. Pero dígame: ese sistema ¿no está excesivamente confiado en la buena disposición del cliente? ¿No han tropezado ustedes nunca con el suicida auténtico, con el desesperado irremediable?

Doctor.—Aquí sólo llegan los vacilantes. Desdichadamente, el desesperado profundo se mata en cualquier parte, sin el menor respeto a la técnica ni al doctor Ariel. (*Levantándose.*) ¿Puedo contar con ustedes?

Chole.—Desde ahora mismo.

Doctor.—Voy a encargar que dispongan sus habitaciones.

Fernando.—Gracias. ¿Nos permite, entre tanto, hacer alguna interviú a sus pacientes?

Doctor.—Bien, pero con tiento. Generalmente son desconfiados y no abren fácilmente su corazón a un extraño.

Chole.—Aquel joven que se acerca, ¿es un enfermo?

Doctor.—Ah, sí: un muchacho romántico. Le llamamos aquí el Amante Imaginario. Vean su ficha... Ha llegado anoche...

Fernando.—Entonces, etapa de la ducha fría.

Doctor.—Exactamente. No le lleven demasiado la contraria. Y sobre todo, naturalidad. (*Sale.*)

Chole.—Naturalidad, Fernando.

(*Entra, siempre ensimismado, el Amante Imaginario. Se acerca al verlos, con un rayo de esperanza.*)

Chole, Fernando y el Amante

Amante.—Perdón... ¿Compañeros?

Chole.—Funcionarios...

Amante.—Ah, funcionarios... (*Va a seguir, desilusionado.*)

Fernando.—Quédese un momento. ¿Por qué no se sienta? Tiene usted un aspecto muy fatigado.

Chole.—¿Quiere usted tomar alguna cosa?

Amante.—Gracias. Quiero terminar cuanto antes. (*Señalando, solemne, la Galería del Silencio.*) Hoy mismo traspasaré esa última puerta.

Fernando.—¿Ha elegido usted ya su procedimiento?

Chole.—No se decida sin consultarnos: tenemos los mejores venenos, un lago de leyenda, celdas individuales y...

AMANTE *(Brusco).*—¡Ah, ustedes también! ¡Cállense! Todo es frío aquí..., odiosamente frío. Yo esperaba encontrar un corazón amigo.

CHOLE.—Cuente usted con ese corazón. Hemos visto su ficha. «Desengaño de amor». Nos gustaría tanto conocer su historia.

AMANTE *(Con ganas de contarla).*—¿De veras? ¿La oirían ustedes? No sé si valdría la pena...

CHOLE.—¿Cómo no? ¿Quiere usted contárnosla?

AMANTE.—Gracias... *(Pausa.)* Yo era un empleado en una casa de banca. Hacía números por el día y versos por la noche. Siempre había soñado aventuras y viajes, pero nunca había realizado ninguno. Una noche fui a la Ópera. Cantaba Cora Yako el papel de Margarita. ¡Una mujer espléndida!

FERNANDO.—La conozco. Ha dado mucho que hacer al huecograbado.

AMANTE.—Cora Yako cantó toda la noche para mí. No era ilusión, no; sus ojos se clavaban en los míos, en lo más alto de la galería. ¡Cantaba y lloraba y moría para mí solo! Aquella noche no pude dormir. Al día siguiente equivoqué todas las operaciones en el banco. Y volví al teatro, temblando, dos horas antes de empezar.

CHOLE.—¿Repetían el «Fausto»?

AMANTE.—No, era «Madame Butterfly». Pero el fenómeno volvió a repetirse. La noche anterior eran dos ojos azules y unas trenzas rubias; ahora eran dos ojos de almendra negra y un kimono de estrellas. Pero el mismo brazo de luz entre los dos... En el banco, todo el dinero pasaba por mis manos. Cogí una cantidad, mi sueldo de dos meses.

Y le envié un ramo de orquídeas y una tarjeta. Después...
(*Vacila. Se calla.*)

CHOLE.—Después, ¿qué?... Diga.

AMANTE.—Después... Después ¡fue la felicidad!... Los barcos y los grandes hoteles. Viena, El Cairo, Shanghai. Nos besábamos un día en el desierto, entre los sicomoros, y al día siguiente en un jardín de lotos. ¡Yo, miserable empleado de una banca española, he abrazado en todos los idiomas a Margarita y a Madame Butterfly, a Brunilda, a Scherezada!...

FERNANDO.—Enhorabuena. ¿Y qué más?

AMANTE (*Seco*).—Nada más.

CHOLE.—¿Nada más? ¿Entonces?

AMANTE.—¿Qué? ¿Por qué me miran así? ¿No me creen? ¡Les juro que es verdad! Yo he sido el gran amor de Cora Yako. ¡Es verdad, es verdad!

FERNANDO (*Cambia una mirada con Chole*).—No es verdad.

AMANTE.—¡Les juro que sí! ¿Por qué no había de serlo? ¿Qué tengo yo para que no me quiera una mujer?

FERNANDO.—No es por usted. Seguramente es un gran muchacho. Pero ha contado su historia de un modo tan extraño...

CHOLE.—¿Por qué ha mentido usted? Háblenos sin miedo, como a dos amigos.

AMANTE (*Vencido por el tono cordial de Chole*).—Tiene usted razón. Para qué mentir, si nadie me cree... Y sin embargo sólo he mentido a medias. Es verdad que he destrozado mi juventud sobre el pupitre de una casa de banca. Es verdad que Cora Yako me miraba cantando. Y es verdad que robé por ella. Pero el amor y los viajes... sólo los he soñado. Al día siguiente, cuando volví al teatro con mi corbata nueva, el vestíbulo estaba lleno de baúles y decorados sucios. Mi ramo estaba tirado en un rincón, y la tarjeta sin abrir. De mi sueño sólo quedaba la pobre verdad de mi desfalco, y un ramo de orquídeas pisadas... Pero eso no debe saberlo nadie. Déjenme contar esta historia a todo el mundo. Necesito que la crean todos. Necesito creerla yo también... y después morir feliz. (*Volviéndose rápido.*) El doctor viene. No le digan ustedes nada; él es ya viejo y no puede comprender estas cosas... No le digan ustedes nada. (*Sale de puntillas. Entra el Doctor.*)

DOCTOR.—Sus habitaciones están dispuestas. ¿Quieren pasar a verlas?

CHOLE.—Yo voy. Saca tú las maletas del coche, Fernando. Cuando usted quiera, doctor.

> (*Sale con él, llevándose el maletín. Fernando, a solas, da unos pasos en la dirección en que salió el Amante Imaginario. Se vuelve al ver entrar a la Dama Triste.*)

FERNANDO Y LA DAMA TRISTE

FERNANDO.—Señora...

DAMA.—¿Es usted nuevo en la casa?

FERNANDO.—Soy... el nuevo ayudante del doctor.

DAMA.—Me pareció verle aquí hace un momento, besando a una señorita.

FERNANDO.—Ah, sí... Se había pintado los labios con arsénico, y quería hacer una experiencia.

DAMA.—Qué interesante, ¡morir en un beso! Algo así buscaba yo.

FERNANDO.—¿No ha encontrado todavía su procedimiento?

DAMA.—Son todos demasiado brutales.

FERNANDO.—Sin embargo, siempre pueden encontrarse matices.

DAMA.—He pedido al doctor que probara a envenenar una rosa. Me gustaría morir aspirando un perfume.

FERNANDO.—La felicito: esa tendencia a morir por las narices es del más delicado romanticismo. Pero no es cosa fácil.

DAMA.—Yo he leído alguna vez que Leonardo da Vinci hizo un experimento de envenenamiento de árboles.

FERNANDO.—Sí, parece ser que trató de envenenar los frutos de un melocotonero a través de la savia. Pero aquel verano los melocotones se desarrollaron más sanos que nunca. Yo, en cambio, de pequeño, tenía un manzano enfermo en mi huerto. Para reanimarlo se me ocurrió darle en las raíces una inyección de aceite de hígado de bacalao ¡y se cayó muerto de repente! Los árboles tienen unas reacciones extrañas.

DAMA.—Lástima...

FERNANDO.—Puede encontrarse otra cosa. ¿Conoce usted el libro del doctor Ariel? ¿No? Ah, es un manual perfecto. Vea en el apéndice la distribución geográfica de los suicidios. (*Extiende la hoja de un mapa.*) Cada raza tiene sus predilecciones y sus fatalidades. En la zona del naranjo —España, Italia, Rumania— predomina la muerte por amor. En la zona del nogal —Francia, Inglaterra, Alemania— el suicidio político y económico. En la zona del abeto —Suecia, Noruega, Dinamarca— la muerte voluntaria disminuye, al mismo tiempo que aumenta el nivel de los salarios y la democracia. ¡Es la Europa civilizada!

Dama.—¿Dónde está señalado el suicidio pasional?

Fernando.—Aquí: la franja encarnada. Vea, al margen, la gráfica estadística: «Índice anual de suicidios por amor: Inglaterra, 14; Francia, 28; Alemania, 41; Italia, 63; España, 480... Estados Unidos, 2.»

Dama.—¿Dos solamente?

Fernando.—Dos. Eran mejicanos nacionalizados. (*Deja el libro.*)

Dama.—Ah, qué bien ha hecho usted en leerme esos datos. Esa estadística me señala el camino de mi raza. ¡Me gustaría tanto morir por amor! Desgraciadamente, para eso no basta una voluntad; hacen falta dos... ¿Usted me ayudaría?

Fernando.—Honradísimo, señora, pero... estoy comprometido ya. Tengo que suicidarme mañana con una pianista polaca.

Dama.—Siempre llego tarde.

Fernando.—Perdón.

Dama.—¡Y cuántas veces lo he soñado! ¡Esas parejas japonesas que se lanzan cogidas de las manos y coronadas de crisantemos, al cráter del Fusi-Yama!

Fernando.—Una muerte bellísima. Desdichadamente, España es un país arruinado: no nos queda ni un miserable volcán para estos casos. (*La Dama Triste se sienta. Suspira desolada.*) Y ahora, si me hace usted el honor de una confidencia, ¿por qué quiere morir?

Dama.—¡Por tantas cosas!

Fernando.—¿Puede decirme alguna?

Dama.—Desilusión absoluta. Este mundo de la materia no es el mío. Odio todo lo grosero: la carne, la tiranía de los músculos y la sangre. Quisiera haber nacido planta, agua de torrente, ¡alma sola! Tengo lástima de este pobre cuerpo mío, que no me ha proporcionado nunca más que dolor.

FERNANDO.—¿Y por lástima de su cuerpo ha decidido usted quitárselo de en medio? Me parece excesivo. Es lo que llaman los alemanes, tirar el agua del baño con el niño dentro.

DAMA.—¿Para qué conservar lo que de nada sirve? Mi carne no existe. Sólo mi alma ha vivido.

FERNANDO.—¿Está usted segura? ¿Me permite una sencilla experiencia? *(Saca lápiz y cuaderno.)* Dígame, ¿qué desayuna usted?

DAMA.—¿Y qué importa eso?

FERNANDO.—Se lo ruego; es por su tranquilidad. ¿Qué desayuna usted?

DAMA.—Un vaso de leche. A veces, alguna fruta...

FERNANDO.—¿Almuerzo?

DAMA.—Apenas; ternera, legumbres... guisantes, generalmente.

FERNANDO.—Y más fruta, ¿verdad? ¿Suele cenar?

DAMA.—Lo mismo. ¿Por qué me lo pregunta?

FERNANDO.—Se lo diré en seguida. ¿Qué cosas interesantes recuerda de su vida? ¿Ha viajado usted?

DAMA.—Poco; conozco París, Londres, Florencia.

FERNANDO.—¿Ha cultivado aficiones artísticas?

DAMA.—Toco el piano.

FERNANDO.—¿Ha leído mucho?

DAMA.—Románticos casi siempre. Toda la obra de Víctor Hugo me es familiar.

FERNANDO.—¿Ha tenido amores?

DAMA.—Amor... sólo una vez. Yo era una niña casi: él era teniente de navío. Nos besamos en el puente del barco, y zarpó rumbo a Filipinas. No le volví a ver.

FERNANDO (*Que ha ido tomando notas y trazando números rápidamente*).—Magnífico. Pues bien, señora: calculándole sólo media vida; y raciones discretas, resulta: que para hacer tres viajes cortos, aprender a tocar el piano, leer obras completas de Víctor Hugo y besar a un teniente de navío... ha necesitado usted tomarse ochocientos decalitros de leche, tres vagones de fruta ocho hectáreas de guisantes ¡Y diecisiete terneros! El cuerpo, señora, es una realidad insobornable.

DAMA (*Horrorizada*).—¡No! ¡No es posible!

FERNANDO.—Aritméticamente exacto.

DAMA.—¡Qué vergüenza!

FERNANDO.—Pero no lo lamente demasiado. Al fin y al cabo el cuerpo es de origen tan divino como el alma; y hay que dar al César lo que es del César. No se ponga triste. Reconcíliese usted consigo misma. ¿Quiere que la acompañe a dar una vuelta por el parque? Hace un sol espléndido.

DAMA.—Gracias... (*Acepta su brazo. Se justifica.*) Puede usted pensar de mí lo que quiera. No seré un gran espíritu; seguramente soy una pobre mujer vulgar... ¡Pero le juro que yo no me he comido esos diecisiete terneros!

(*Salen. La escena sola. Suenan de pronto —uno, dos, varios—timbres y campanas de alarma. Sale corriendo Alicia. Grita llorando.*)

ALICIA.—¡Doctor..., doctor!

(*Acude el Doctor.*)

DOCTOR.—¿Qué ocurre?

ALICIA.—¡Allí (*Señala la Galería del Silencio.*)

DOCTOR.—Pronto... ¡Hans! ¡Deténgalo!...

(*Suena dentro un disparo. Callan los timbres. Alicia se tapa la cara con las manos. Entra Hans forcejeando con Juan, que lucha desesperadamente por desasirse y recobrar su arma.*)

JUAN.—¡Déjeme! ¡Suelte!...

DOCTOR.—¿Qué ha sido?

HANS.—Nada ya. He conseguido desviarle la pistola a tiempo. Aquí está.

DOCTOR.—Traiga.

JUAN.—¡Suelte! (*Se desprende violentamente.*)

DOCTOR.—Pronto, Hans, calme a los demás. Que no acuda nadie.

(*Sale Hans. Alicia queda al fondo y escucha sin hablar toda la escena. Juan trata ahora de arrebatarle la pistola al Doctor.*)

JUAN.—¡Déjeme! ¡Es mía!

DOCTOR.—¡Quieto!

JUAN.—¡Es mía!,

DOCTOR.—¡No! (*Lo rechaza. Juan cae sin fuerzas en una butaca; esconde la cabeza entre los brazos, sollozando convulsivo. El Doctor se acerca lentamente a su escritorio. Guarda el arma.*) ¡Qué iba usted a hacer!

JUAN.—Morir. Necesito morir. ¡Mañana puede ser tarde!

DOCTOR.—¿Y por qué?

JUAN.—Si no me muero yo, acabaré matando. Lo sé... ¡Y no quiero matar!

DOCTOR.—Vamos, serénese. ¿Por qué había de matar usted a nadie?

JUAN.—Mataré. Ya he sentido la tentación una vez. La siento mordiéndome la sangre ahora mismo. Y es horrible, porque él es bueno. Porque él me quiere... ¡y no sabe siquiera todo el daño que Me hace!

DOCTOR.—¿Quién es él?

JUAN.—Es mi hermano... Todo lo que yo hubiera querido, todo me lo ha quitado él sin saberlo. Primero me robó el cariño de mi madre. Me robó la inteligencia y la salud que yo hubiera querido tener. Me robó la única mujer que podía haberme hecho feliz. El ha conseguido sin esfuerzo, riendo, todo lo que yo he deseado dolorosamente, en silencio, y trabajando. Ha pasado siempre por encima de mis entrañas sin darse cuenta... ¡y siempre me ha sonreído! Pero él no tiene la culpa, él es bueno. ¡Es además mi hermano! Líbreme de esta pesadilla, doctor... No quiero matarlo... ¡no quiero matarlo!

(Entran precipitadamente Chole y Fernando.)

CHOLE.—¿Ha ocurrido algo, doctor? *(Sorprendida al verle.)* ¡Juan!

JUAN.—¿Vosotros?

DOCTOR.—¿Se conocían ustedes?...

FERNANDO.—Es mi hermano... *(Avanza hacia él tendiéndole las manos.)*

Telón

Acto Segundo

En el mismo lugar, tres días después. Luz de tarde. Han desaparecido los cuadros de muerte, y en su lugar Chole acaba de colgar un solo cuadro nuevo: «La Primavera», de Botticelli. Alicia viste bata blanca de enfermera, con una cruz azul al brazo.

CHOLE Y ALICIA

CHOLE.—¿Queda bien así?

ALICIA.—Sí, muy bien. Los otros cuadros eran tan tristes...

CHOLE (*Disponiendo un cacharro de flores*).—¿Y estas flores? ¿Le gustan?

ALICIA.—Mucho. Huelen como si vinieran de lejos. ¿De dónde son?

CHOLE.—Del sur.

ALICIA.—Las nuestras no han florecido aún.

CHOLE.—Ya no tardarán; mañana es el primer día de primavera. Cuando florezcan habrá que ponerlas también en todas las habitaciones.

ALICIA.—Gracias.

CHOLE.—¿Por qué me da usted las gracias?

ALICIA.—Porque es una idea bonita. Aunque no sea para mí... Los otros cuadros, ¿adónde se han de llevar?

CHOLE.—Al sótano; con muchísimo respeto, pero al sótano. (*Quedan mirándose.*) Está usted hoy muy sonriente, Alicia.

ALICIA.—Estoy contenta.

CHOLE.—¿Por qué?

ALICIA.—No sé..., se ha reído usted toda la mañana. No había tenido nunca a nadie que se riera junto a mí.

CHOLE (*Riendo*).—Es gracioso. ¡Está usted contenta porque me río yo!

ALICIA.—Hace mucho bien oír reír. Tampoco había tenido nunca una amiga. Y usted me dio la mano mirándome a los ojos, tan hondo y tan claro... ¿Quiere usted darme la mano otra vez?

CHOLE (*Estrechándosela cariñosamente*).—¿Amiga siempre?

ALICIA.— Siempre!

CHOLE.—Y no diga usted «gracias». Déjeme decirlo a mí. Usted lo dice siempre, a todo. Se lo diría a un pájaro que viniera a cantar a su ventana.

ALICIA.—¿Por qué se ríe usted ahora? ¡Se ríe de mí!

CHOLE.—Sí. ¡Es usted tan chiquilla!

ALICIA (*La oye feliz. Sonríe también*).—Gracias. (*Sale. Entra el Doctor.*)

CHOLE Y EL DOCTOR

DOCTOR.—Señorita Chole...

CHOLE.—Buenas tardes, doctor. ¿Nota usted algo nuevo aquí?

DOCTOR.—No sé... ¿Esas flores? (*Volviéndose.*) ¡Los cuadros! Por fin los ha arrancado usted.

CHOLE.—Eran demasiado sombríos. No hacían ningún bien a esta pobre gente.

DOCTOR.—Sin embargo, tenían un prestigio solemne. En fin... (*Contempla el cuadro.*) «La Primavera» de Botticelli.

CHOLE.—¿He elegido bien?

DOCTOR.—Sí, es luminoso, tranquilo... Veo que empieza usted a interesarse de veras por mis enfermos.

CHOLE.—Mucho. Nunca había imaginado un espectáculo humano tan desconcertante, tan comedia y tragedia al mismo tiempo.

DOCTOR.—Es curioso. Y está usted atravesando las mismas etapas que ellos. El primer día entró aquí como un golpe de viento, ansiosa de encontrar algo original para lanzarlo a la publicidad. Después, ha ido penetrando en las almas, buscando su verdad en el silencio. Está usted en plena etapa de meditación y de ternura.

CHOLE.—Algunas de estas historias íntimas, me han llegado muy hondo.

DOCTOR.—¿Entonces, aquel reportaje sensacional?

CHOLE.—No lo escribiré ya.

DOCTOR.—Lo hará Fernando.

CHOLE.—Quizá. El es hombre y fuerte. Yo, hoy, no me atrevería a desnudar en público estos pequeños dolores para satisfacer una curiosidad bien sentada y bien alimentada.

DOCTOR.—Ya apareció la mujer.

CHOLE.—¡Esa chiquilla, siempre sola, que da las gracias a todo lo que es hermoso, como si fuera un regalo! Ese pobre empleado de banca, que nunca ha salido de su oficina y su casa de huéspedes, y se sueña héroe de amores y viajes extraordinarios...

DOCTOR.—Además, trabaja usted seriamente. Anoche sé que ha estado encerrada en mi biblioteca hasta la madrugada.

CHOLE.—Me interesan sus libros, sus estadísticas. He descubierto en ellos cosas que no hubiera imaginado nunca.

DOCTOR.—¿Cuáles?

CHOLE.—Esa contradicción constante del suicida con la lógica de la vida. ¿Por qué se matan más los triunfadores que los fracasados? ¿Por qué se matan más los hombres en la juventud que en la vejez? ¿Por qué se matan más los enamorados que los que no han conocido amores?... ¿Y por qué se matan al amanecer más que, de noche, y en la primavera más que en el invierno?

DOCTOR.—Difícil de explicar para una mujer feliz. Pero la observación es científicamente exacta.

CHOLE.—Matarse es siempre una negación brutal. Pero matarse en plena juventud, en la hora del amor y la primavera es un insulto a la naturaleza.

DOCTOR.—Quizá.

CHOLE.—¡Es, además, tan contrario a todos los instintos! Los animales no se suicidan.

DOCTOR.—A veces, también. El alacrán, cuando se siente rodeado de fuego, se clava su aguijón venenoso.

CHOLE.—Pero eso no es buscar la muerte voluntariamente. Es adelantarla un momento, para evitar el dolor.

DOCTOR.—El dolor... He aquí el motivo supremo. Me parece que, sin darse cuenta, acaba usted de contestar a sus dudas de antes. ¿No cree usted que el dolor es cien veces más intolerable cuando nos rodea el amor y el triunfo, cuando la sangre es joven, y todo a nuestro alrededor se viste de rosas?

CHOLE.—No, doctor, no me haga usted dudar. La vida no es solamente un derecho. Es, sobre todo, un deber.

DOCTOR. Ojalá piense usted siempre así.

> (*Pausa. En el umbral del jardín aparece el Padre de la otra Alicia; una noble cabeza blanca agobiada de dolor. Vacila. Se adelanta al fin, con una voz humilde y rota.*)

CHOLE, EL DOCTOR Y EL PADRE DE LA OTRA ALICIA

PADRE.—Perdón... ¿El doctor Roda?...

DOCTOR.—A sus órdenes.

PADRE.—Tengo algo que pedirle... Algo muy íntimo, muy difícil... Pero necesario.

CHOLE.—¿Estorbo?

DOCTOR.—De ningún modo. La señorita es persona de mi absoluta confianza.

PADRE.—Doctor...

DOCTOR.—Diga.

PADRE.—Doctor... ¡Hágame usted morir!

DOCTOR.—¿Yo?

PADRE.—Sí..., comprendo que es una petición extraña. Pero es que usted no sabe... Yo también soy médico. He pedido esto mismo a otros compañeros: todos me compadecen, pero ninguno ha querido ayudarme. ¡Usted puede hacerlo! Por compasión, doctor. También yo lo he hecho una vez. ¡Le juro que es absolutamente necesario!

DOCTOR.—¿Por qué?

PADRE.—Porque es monstruoso seguir viviendo así. Nunca he tenido grandes motivos para desear la vida. Pero antes la tenía a ella. Tenía un deber: unos ojos y una voz que me necesitaban.

DOCTOR.—¿Quién era ella?

PADRE.—Era mi hija... Estaba paralítica desde la niñez. Tendida siempre en una hamaca. Nada se movía en su cuerpo; sólo los ojos... y aquella voz de música, que era una vida entera. Yo le leía los poemas de Tennyson; ella me escuchaba mirándome. Y hablábamos a veces... muy poco, muy bajito, pero bastante para los dos. Hasta que un día yo empecé a sentirme enfermo. No podía engañarme; era uno de esos males lentos y seguros, que no perdonan. Entonces sólo sentí el terror de dejarla sola. ¡Pobre carne quieta! ¿Qué iba a ser su vida sin mí? No pude resignarme a esta idea. Tenía a mi alcance la morfina... Y la fui durmiendo suavemente..., sin dolor... hasta que no despertó más. ¿Comprenden ustedes? Era mi hija y mi vida. La he matado yo mismo. ¡Y yo estoy todavía aquí! Estoy sintiendo con espanto que mi mal se aleja, que acabaré por curarme... Y no tengo fuerzas para acabar conmigo... ¡Cobarde..., cobarde!

(Cae desfallecido en un asiento. Pausa. El Doctor aprieta angustiado las manos de Chole.)

DOCTOR.—Sí, la vida es un deber. Pero es, a veces, un deber bien penoso.

CHOLE *(Llama en voz alta)*.—¡Alicia!

PADRE (Sobresaltado).—¡Alicia! ¿Quién se llama aquí Alicia?

CHOLE.—Es nuestra enfermera.

PADRE.—...También ella se llamaba Alicia.

(Entra Alicia. Trae un libro bajo el brazo. El Padre avanza lento hacia ella, mirándola con una intensa emoción.)

PADRE.—Es... extraordinario..., cómo se parecen... Los mismos ojos; pero en «ella» más tristes. Permítame... Las mismas manos. *(Amargo, como si fuera una injusticia.)* Pero éstas están sanas, calientes... ¿Y la voz? ¿Quiere usted decir algo, señorita?

ALICIA *(Sin saber qué decir, sonriendo).*—Gracias...

PADRE.—Ah..., no... La voz, no. Perdone; tiene usted una voz muy agradable. Pero ella..., cuando ella decía «gracias», todo callaba alrededor. ¿Qué leía usted?... Versos... ¿Conoce los poemas de Tennyson? Si no le molesta, yo se los leeré en voz alta. ¿Puede ser, doctor?... En el jardín, ¿quiere? Usted tendida en una hamaca, quieta; yo a su lado... ¿Me permite que la trate de tú?

ALICIA.—Se lo agradezco.

PADRE: No..., míreme, si quiere... Pero hablar, no... No digas nada... Alicia. ¡Alicia! *(Sale con ella.)*

DOCTOR.—¿Cree usted que podremos salvarle?

CHOLE.—Me parece que está salvado ya. *(Pausa. Se oye fuera el grito montañero de Fernando.)*

LA VOZ.—¡Ohoh!

CHOLE.—¡Ohoh! *Corriendo a él, al verle aparecer.)* ¡Capitán!

FERNANDO.—¡Timonel! Perdón, doctor. *(La besa en los labios.)*

EL DOCTOR, CHOLE Y FERNANDO

CHOLE.—¡Has estado fuera todo el día!

FERNANDO.—En la montaña, desde el amanecer. El doctor se ha empeñado en hacerme sufrir los encantos de la Naturaleza.

CHOLE.—Y has salido sin despedirte.

FERNANDO.—Estabas dormida como un tronco... Como un tronco de sándalo.

CHOLE.—¿Te has acordado de mí?

FERNANDO.—Todo el día.

CHOLE.—¿Por qué no me has escrito?

FERNANDO.—Te escribiré a la noche.

CHOLE.—Has visto salir el sol?

FERNANDO.—Sí, tiene gracia. ¡Sale con una cara de sueño el pobre! Y en cuanto asoma, hace más frío que antes.

CHOLE.—¿Y es verdad que hay escarcha... y pastores con zamarra, y rebaños de ovejas?

FERNANDO.—Sí, hay ovejas. Y unos pastores muy brutos, con zamarras, que les tiran piedras a las ovejas.

CHOLE.—A María Antonieta le gustaba siempre vestirse de pastora.

FERNANDO.—Y le cortaron la cabeza. Con permiso, doctor. *(Se deja caer deshecho en una butaca.)* Vengo chorreando salud.

CHOLE.—¿No me has traído nada?

FERNANDO.—Ah, sí; una rosa de los Alpes, blanca. De esas que sólo florecen entre la nieve y sobre los abismos. La he dejado en tu cuarto.

CHOLE.—¿Por qué has hecho eso? Dicen que se desho-jan al bajar al llano. ¡Pobre rosa!... *(Sale.)*

FERNANDO Y EL DOCTOR. *Luego* HANS

FERNANDO.—Ah, las mujeres. He podido matarme por alcanzarla, y nada. Pero la rosa se deshoja... ¡Pobre rosa!

DOCTOR.—No parece muy feliz con su día de campo.

FERNANDO.—Decididamente soy un salvaje urbano.

DOCTOR.—Ese aire cargado de manzanillas, ese bos-que de abetos, esas crestas de nieve, ¿no le han dicho nada?

FERNANDO.—Nada. Es lo mismo que le ha ocurrido a ese monte el año anterior y el otro, y hace cuarenta siglos. Ni un atrevimiento, ni una originalidad. El crepúsculo, la prima-vera, la caída de las hojas... ¡Siempre los mismos trucos!

DOCTOR.—A usted la gustaría una naturaleza anárqui-ca, llena de sorpresas.

FERNANDO.—¡Con imaginación! Ah, si no le ayudára-mos nosotros... Ella produce todos los alimentos; pero todos crudos. Y no digamos ya que no se le haya ocurrido inven-tar el ascensor, la máquina de escribir, el simple tornillo. ¡Es que ha tenido a su cargo los árboles desde el principio del mundo, y no se le ha ocurrido ni pensar en el injerto! Ya me gustaría ver a esa pobre Naturaleza ingresar en un periódico.

DOCTOR.—Y sin embargo, la Naturaleza es más de la mitad del arte.

FERNANDO.—Eso sí; literalmente no tengo nada que reprocharle. El paisaje agreste es el ambiente natural de las cabras y de los poetas. Pero periodísticamente, no tiene la menor emoción. Sólo el hombre interesa. (*Entra Hans.*)

DOCTOR.—¿Alguna novedad, Hans?

HANS.—Ninguna. El profesor de Filosofía se ha tirado al estanque, como todas las mañanas. Y ha vuelto a salir nadando, como todas las mañanas también. Se está secando.

DOCTOR.—¿El empleado de banca?

HANS.—En la alameda de Werther. Le sigue contando la historia de Cora Yako a todo el mundo. Nadie se la cree, y llora al atardecer.

DOCTOR.—¿Y la señora del pabellón verde?

HANS.—¿La Dama Triste? No sé qué le ocurre; desde hace tres días se niega sistemáticamente a comer. (*Fernando ríe recordando.*)

DOCTOR.—Hay que evitar eso a todo trance.

HANS.—Ya lo he intentado. Le he insistido: señora, que esto no puede ser; por la seriedad de la casa... Un vaso de leche, un trocito de ternera... En cuanto le he dicho eso se ha puesto a llorar como un caimán. No la entiendo.

FERNANDO.—Yo sí.

HANS.—Parece como si quisiera morirse de hambre. ¡Y decía que buscaba un procedimiento original! No lo entiendo. (*Severo a Fernando.*) ¿Se ríe usted? ¡Yo, no!

DOCTOR.—No está de muy buen humor hoy, Hans.

HANS.—Perdóneme el doctor, pero hay cosas que no van a mi carácter. Yo soy un hombre serio. He venido a una casa seria. A cumplir una función seria. Y desde hace unos días esto no marcha.

FERNANDO.—¿Desde que llegamos nosotros?

Hans.—Exactamente. ¿Por qué se ríe usted? Nadie se había reído nunca aquí. La señorita Chole se ha estado riendo también toda la mañana. Y todo se contagia: al profesor de Filosofía yo le he sorprendido anoche silbando el «Danubio Azul». ¿Adónde vamos a parar?

Doctor.—Calma, Hans. Todo llegará.

Hans *(Sin gran fe).*—Esperemos. *(Va a salir. Se detiene aterrado.)* Oh, doctor... ¡Los cuadros!

Doctor.—Ha sido idea de la señorita Chole. Los otros le parecían demasiado sombríos.

Hans.—Pero estaban en su casa. Aquel Séneca desangrándose era de una seriedad alentadora. ¡Aquel Larra desmelenado y romántico! *(Se queda contemplando el Botticelli con un desprecio infinito.)* ¡La Primavera! ¡Qué tendrá que hacer aquí la primavera! No es serio esto. No es serio... *(Sale.)*

Fernando.—Es un tipo curioso su ayudante.

Doctor.—Mutilado de la Gran Guerra.

Fernando.—¿Mutilado?

Doctor.—Sí, del alma. La guerra deja marcados a todos; a los que caen y a los que se salvan. Ese hombre tenía una cervecería en una aldea de Lieja. Era un muchacho alegre, cantaba las viejas canciones; tenía amigos, hijos y mujer. Durante la guerra sirvió cuatro años en un hospital de sangre. ¡Cuatro años viendo y palpando la muerte a todas horas! Después del armisticio, cuando volvió a su tierra, sus amigos, su mujer y sus hijos habían desaparecido. Y la cervecería también. Y el sitio de la cervecería. Hans era un hombre acabado. Ya no servía más que para rondar a la Muerte. Anduvo buscando trabajo por sanatorios y hospitales, y así vino a dar aquí. Ya no sé si lo tengo como ayudante o como enfermo.

FERNANDO (*Entusiasmado, echando mano a su cuaderno*).—¡Pero eso está muy bien! ¿Cómo no me lo había contado antes?

DOCTOR.—Interés periodístico, ¿verdad? Escriba. Y cuando termine, venga a buscarme a mi despacho. A usted, hombre feliz, tengo otra historia que contarle. Una historia de dos hermanos... que acaso le interese más. Escriba, escriba. (*Sale. Fernando, a solas, toma sus notas.*)

FERNANDO.—«El enamorado de la Muerte... Lieja..., cervecería..., 1914...

> (*Entra Cora Yako, espléndida mujer, sin edad, espectacular y trivial. Mira curiosa a su alrededor. Después avanza hacia Fernando.*)

FERNANDO.—Señora... (*Se pone rápidamente su americana, que ha traído al brazo.*)

CORA.—¿Es usted empleado de la casa?

FERNANDO.—Secretario y cronista.

CORA.—Espero que no me habré equivocado. Es aquí la...

FERNANDO.—La fundación del doctor Ariel.

CORA.—Exactamente. ¿De modo que es verdad? ¡Estupendo! Yo tenía miedo de que fuera una broma. ¿Tienen ustedes un sitio libre?

FERNANDO.—Siempre. Aquí no se pregunta a nadie de dónde viene ni a dónde va. Puede usted contar con el Pabellón Azul. ¿Caso muy urgente?

Cora.—No..., le diré. Desde luego, debo confesarle que yo no traigo el menor propósito de matarme.

Fernando.—Ah, ¿no?

Cora.—Soy artista, ¿sabe? He triunfado en cien países; desdichadamente los años van pasando, las facultades disminuyen... Y cuando disminuyen las facultades no hay más remedio que aumentar la propaganda. No sé si me comprende.

Fernando.—Creo que sí. Usted necesita un suicidio-propaganda con negritas del doce y fotografías a tres colores en las revistas. Y desde luego, sin peligro.

Cora.—Exacto, exacto. Es usted muy inteligente.

Fernando.—Psé, me defiendo.

Cora.—Me parece que nos vamos a entender perfectamente. En cuanto al precio, no me importa.

Fernando.—Ni a mí; ya le haremos una cosa que esté bien. ¿Me permite tomar unos datos para abrir la ficha? (Toma una del fichero y anota.) Profesión: artista.

Cora.—Cantante de ópera.

Fernando.—Cantante. ¿Española?

Cora.—Internacional; nací en un barco.

Fernando.—Edad... ¿Le parece bien veinticuatro años?

Cora.—Gracias.

Fernando.—Veinticuatro. ¿Su nombre?

Cora.—Cora Yako.

Fernando.—Cora Yako. (Recordando de pronto.) ¡Coya Yako!... Pero... ¿es usted Cora Yako en persona? ¡Oh, déjeme estrechar esas manos!

Cora.—¿Me ha oído usted cantar?

Fernando.—¡Nunca! Pero es lo mismo. ¡Qué gran idea la suya de venir aquí!

CORA.—¿Qué quiere? Es de lo poco que me faltaba por intentar. He tenido en mi carrera duelos, escándalos, un naufragio...

FERNANDO.—Ha estado usted casada con un rajá indio. Se divorciaron en California.

CORA.—Ah, ¿lo sabía usted?

FERNANDO.—Soy periodista. Los periodistas nos enteramos de todo por los periódicos. (*Contemplándola encantado.*) ¡Coya Yako! ¿Me perdona que la deje sola un momento? Hay alguien en la casa que tendrá el mayor gusto en atenderla. Voy por él. ¡Coya Yako, Cora Yako! (*Sale.*)

CORA (*Mirándole ir*).—Simpático muchacho. (*Curiosea en torno con la mirada. Se fija en el Amante Imaginario, que llega por el extremo opuesto como una sombra romántica sin rumbo. Viene deshojando una margarita. Se sienta. Suspira.*)

CORA YAKO Y EL AMANTE

CORA.—Perdón... ¿Es usted empleado de la casa? (*Él la mira vagamente. Niega con la cabeza.*) Ah, entonces es un... un... (*Él afirma del mismo modo.*) ¡Qué interesante! Da escalofríos... ¿Y por qué?

AMANTE.—¡Amor! He amado mucho; he sido todo lo feliz que puede ser un hombre. ¿Para qué vivir más? Yo he tenido en mis brazos a Margarita, a Brunilda, a Scherazada...

CORA (*Le mira con inquietud*).—Ya...

AMANTE.—¿Por qué me mira así? Cree que estoy loco, ¿verdad? Como todos. Ah, no es fácil comprenderme. ¡Tendría usted que haberla conocido a ella! Yo la vi por primera vez en el «Fausto».

CORA.—¿Era cantante?

AMANTE.—¡Era una voz de plata enredada a un alma! Yo era un muchacho pobre, pero tenía juventud, hacía versos..: Cora no necesitaba más.

CORA.—¿Se llamaba Cora?

AMANTE.—Cora Yako.

CORA.—Ah, Cora Yako... ¡Qué interesante!

AMANTE.—Yo estaba en lo más alto de la galería; pero toda la noche cantó para mí.

CORA.—¿Para usted sólo?

AMANTE.—Me lo decían sus ojos, que no me dejaban un momento. Volví al día siguiente. Le envié un ramo de orquídeas. Aquellas flores costaban más de lo que yo ganaba para comer. Pero no podía negárselas... Robé el dinero.

CORA (*Interesada*).—¿Robó usted?

AMANTE.—¿Qué no hubiera hecho por ella?

CORA.—¿Tanto llegó a quererla en una noche?

AMANTE.—A veces cabe toda la vida en una hora.

CORA.—¿Y ella?

AMANTE.—Ella comprendió. Besó las flores despacio, despacio, mirándome... Y así empezó el amor. Una semana en Viena... El Danubio, el barco... Salimos para El Cairo.

CORA.—El Cairo..., ya recuerdo. ¿Es aquel pueblo grande, tan sucio, que tiene el hotel frente al teatro?...

AMANTE.—No recuerdo el hotel.

CORA.—Sí. Y que riegan las calles con un odre.

AMANTE.—No sé. Yo sólo recuerdo una tarde en camello por la arena roja, las orillas del Nilo, los tambores del desierto... ¡Y luego, las pirámides!

CORA.—Ah, ¿pero hay unas pirámides por allí cerca?

AMANTE.—¿No conoce usted Egipto?

CORA.—Sí, he estado tres veces; pero en el teatro, en el casino.

AMANTE.—Cora buscaba conmigo el paisaje; el gesto y la canción de las razas. Una noche, en Atenas...

CORA.—¡Atenas! También recuerdo yo Atenas. Es viniendo de Montevideo, ¿no?

AMANTE.—A veces, sí.

CORA.—Sí, un pueblo de terrazas frente al mar..., con unos hoteles sin baño, unas comidas muy picantes... *(Encontrando al fin la metáfora exacta.)* ¡Había un empresario rubio que hablaba español!

AMANTE.—Es posible. LG que yo recuerdo es aquella noche en el Partenón. Cora quería cantar la «Thais» de Massenet, desnuda sobre las gradas de Fidias... Y luego, la India: los dioses de la jungla, con siete brazos, como candelabros. El Japón de los dragones y los samurais... ¿Conoce usted Oriente?

CORA.—No sé..., he estado allá; pero creo que no me he enterado bien. Dígame... ¿Usted ha estado de verdad? ¿De verdad, de verdad?

> *(Según las posibilidades del diálogo, ha ido acercándose a él, atraída por una curiosidad entre divertida y sentimental, hasta terminar juntos.)*

AMANTE.—¿Por qué me lo pregunta?

CORA.—Porque ahora me doy cuenta de que yo no he visto nada. Me gustaría que volviéramos juntos. También yo sé cantar... y vestirme la túnica de Brunilda, de Scherazada...

AMANTE *(con una emoción violenta, casi de miedo, cogiéndole las manos.)*—¿Por qué me mira así? Esos ojos... esos..., esos ojos... ¿Quién es usted?

CORA *(tranquila)*.—Cora Yako.

AMANTE.—¡No! ¡No es posible!

CORA.—No apriete tanto. Tiene usted que contarme despacio todos esos viajes que hemos hecho juntos. Estoy en el Pabellón Azul. Tendré un placer verdadero en recibir allí sus flores..., aunque no sean orquídeas.

AMANTE.—¡Cora!... ¡Cora!... *(Sale detrás de ella, deslumbrado, atragantada la voz.)*

(Entra Juan, sin camino. Se hunde en un sillón. Silencio. Vuelve Chole. Su mirada resbala sobre Juan como si encontrara la escena desierta.)

CHOLE Y JUAN

CHOLE.—No está aquí. ¿Has visto a Fernando?

JUAN *(Con un vago acento de reproche)*.—Buenas tardes, Chole.

CHOLE.—Buenas tardes... ¿Le has visto?

JUAN *(Áspero)*.—No creo que se vaya a perder.

CHOLE *(Sorprendida)*.—¿Por qué me hablas con ese tono? Te pregunto por tu hermano y me contestas como si te hubiera hecho daño.

JUAN.—Era yo el que estaba aquí.

CHOLE.—Ya. Pero yo le buscaba a él.

JUAN.—Sí, ya sé; a él, siempre a él. Vas hacia él con los ojos cerrados, como si nadie más existiese a tu alrededor.

[105]

Y si al pasar me tropiezas y me apartas sin mirarme, y yo
te digo «buenas tardes, Chole», todavía soy yo el áspero,
la ortiga. ¡Eres de un egoísmo admirable!

CHOLE.—Perdona...

JUAN.—De nada. Ya estoy acostumbrado. (*Va a salir.
Chole le detiene, imperativa.*)

CHOLE.—¡Juan!... No acabaré de entenderte nunca. Nos
hemos criado casi como hermanos, te quiero como algo
mío, y nunca he conseguido saber qué llevas dentro. ¿Qué
guardas ahí contigo, que te está royendo siempre?

JUAN.—Nada.

CHOLE.—¿Por qué te escondes de tu hermano? Desde
que estamos aquí no ha conseguido verte ni una vez. Si te
hablo de él...

JUAN. ¡Basta, Chole! Háblame de ti o del mundo... o calla.
¡Deja ya a Fernando!

CHOLE.—Es tu hermano.

JUAN, ¿Y para qué lo ha sido? ¡Para que se viera más mi
miseria a su lado! El nació sano y fuerte; yo nací enfermo.
El era el orgullo de la casa; yo, el torpe y el inútil, el eterno segundón. El no estudiaba nunca. ¿Para qué? Tenía gracia y talento; yo, tenía que matarme encima de los libros
para conseguir dolorosamente la mitad de lo que él conse-
guía sin trabajo. Yo le copiaba los mapas y los problemas
mientras él jugaba en los jardines, ¡y sus notas eran siempre mejores que las mías!

CHOLE.—Pero eso no significa nada, Juan. Fernando
no puede ser culpable de lo que no está en su voluntad.

JUAN.—Sí, mientras era la infancia y estas pequeñas
cosas, nada significaba. Pero es que esta angustia ha ido

creciendo conmigo hasta envenenarme toda la vida. Tú sabes cómo he querido yo a mi madre: la he adorado de rodillas; he pasado mis años de niño contemplándola en silencio como una cosa sagrada. Pero ella no podía quererme a mí del mismo modo. Estaba Fernando entre los dos, y donde él estaba todo era para él... Cuando se puso grave y los médicos pidieron una transfusión de sangre, yo fui el primero en ofrecer la mía. Pero los médicos la rechazaron. No servía... ¡No he servido nunca!

CHOLE.—Pero Juan...

JUAN.—¡La de Fernando sí sirvió! ¿Por qué? ¿No éramos hermanos? ¡Por qué había de tener él una sangre mejor que la mía!... Y después... yo la velé semanas y semanas. El seguía jugando feliz en los jardines. No llegó hasta el último momento. ¡Y sin embargo..., mi madre murió vuelta hacia él!

CHOLE.—No recuerdes ahora esas cosas. No eres justo.

JUAN.—¿Yo? ¡Yo soy el que no es justo! ¡La vida sí lo ha sido!, ¿verdad? Y Fernando también. ¡Y tú!

CHOLE.—¿ Yo?

JUAN.—¡Tú!... Pero, ¿es que no lo has visto? ¿Es que no sabes que, después de mi madre, no ha existido en mi vida otra mujer que tú?

CHOLE.—¡Juan!

JUAN.—¿Es que no sabes que has sido para mí tan ciega como todos? ¿Que te he querido lo mismo que a ella, que te he contemplado de rodillas lo mismo que a ella... y que tampoco he sabido decírtelo?

CHOLE.—¡Oh, calla!...

JUAN.—Si te gustaba los tulipanes y un día encontrabas un ramo sobre tu mesa, sólo se te ocurría pensar; ¡cómo me quiere Fernando! Y era yo el que los había cortado. Si te vencía el sueño en medio del trabajo y al día siguiente lo encontrabas hecho, sólo se te ocurría pensar: ¡pobre Fernando! Y Fernando había dormido toda la noche. Ese Fernando se me ha atravesado siempre en el camino. El no tiene la culpa, ya lo sé. ¡Ah, si la tuviera! Si la tuviera, este drama mío podría resolverse...

CHOLE.—¿Qué estás diciendo? ¡Juan!

JUAN.—Pero no la tiene; pero lo más amargo es que él es bueno. ¡Es odiosamente bueno! Y por eso yo tengo que morderme las lágrimas, y ver cómo él es feliz robándome todo lo mío; mientras que yo, ¡el despojado!, sigo siendo para todos el egoísta, el miserable y el mal hermano.

CHOLE (Con un grito desesperado).—¡Calla! ¡Por el recuerdo de tu madre, Juan!...

JUAN.—¡No callo más! Ya he callado toda la vida. Ahora quiero que me conozcas entero. Que sepas todo lo desesperadamente que te quiero, todo lo que has sido para mí..., ¡todo lo que estás ayudando a desgarrarme, sin saberlo, cuando ríes con él, cuando le besas a él!

CHOLE (Suplicante).—¡Por lo que más quieras! ¿No ves que es odioso lo que estás diciendo? ¿Que te estás destrozando a ti mismo, y estás haciendo imposible nuestra felicidad?

JUAN (Amargo).—Vuestra felicidad... ¡Cómo la defiendes! Pero, óyeme un consejo, Chole: si eres feliz, escóndete. No se puede andar cargado de joyas por un barrio de mendigos. ¡No se puede pasear una felicidad como la vuestra por un mundo de desgraciados! (Pausa. Chole, derrumbada por dentro, llora en silencio. Juan, aliviado por su confe-

sión, acude a su tristeza.) Perdóname, Chole. Es muy amargo todo esto; pero te juro que no soy malo. Yo también quiero a Fernando. ¡Si no fuera tan feliz!

CHOLE.—Si Fernando no fuera feliz... ¿qué?

JUAN.—Si un día le viera desgraciado acudiría a él con toda el alma. ¡Entonces sí que seríamos hermanos!... Chole, te he hecho sufrir, pero tenía que decírtelo. Se me estaba pudriendo aquí dentro. El no lo sabrá nunca... Perdóname.

CHOLE.—Perdónanos tú, Juan. Perdónanos a los dos... Pero, déjame.

JUAN.—Adiós, Chole... *(Sale Juan. Ha ido oscureciendo, y la escena está ahora en penumbra. Brilla fuera el lago iluminado. Chole se debate en una lucha interior de silencios crueles.)*

CHOLE.—Imposible, imposible... «Si un día Fernando fuera desgraciado, entonces sí que seríamos hermanos...» Volveréis a serlo, pobre Juan. Yo estaba en medio de vosotros dos sin saberlo... pero ya no lo estaré más. ¿Huir? No basta. Esa Galería va también al lago... Dicen que la muerte en el agua es dulce, como olvidar. Toda la vida se recuerda en un momento y después nada: un paño frío sobre el alma. *(Mira fijamente al lago que, iluminado en la noche, adquiere ahora presencia escénica, como un «personaje» más. Se acerca a la Galería del Silencio.)* Morir..., olvidar... *(Retrocede sin fuerzas. Al fondo de la Galería empieza a oírse el violín melancólico de Grieg en «La muerte de Asse». Chole, como atraída por la melodía avanza al fin, en una actitud de ofrenda. La escena sola un momento. Hans entra de puntillas. Mira hacia la Galería, sinceramente emocionado.)*

HANS.—¡Al fin tenemos uno! Y ella precisamente; la de la risa y la primavera. ¡Valiente muchacha!

(Se apaga la voz del violín. Entran el Doctor y Fernando.)

Hans, el Doctor y Fernando

Doctor.—¡Hans! Esas luces...

(Hans enciende y va a situarse a la entrada de la Galería, cruzado de brazos.)

Doctor.—¿Espera usted algo?

Hans.—Espero.

Doctor *(Va hacia su mesa)*.—¿Usted, Fernando? ¿Piensa trabajar esta noche?

Fernando.—No.

Doctor.—Parece usted preocupado.

Fernando.—Sí, doctor, lo estoy. Esa historia de los dos hermanos que acaba usted de contarme... ¿qué quiere decir?

Doctor.—Oh, nada; es una historia vulgar: el hermano sano y triunfador; el hermano enfermo y fracasado...

Fernando.—Sí, pero... ¿por qué me lo ha contado usted sin mirarme?

Doctor.—No hacía más que explicarle científicamente un caso que hemos tenido aquí. A esa torcedura morbosa del alma en los débiles, en los niños odiados, en los insuficientes, le ha dado la ciencia un nombre bastante estúpido: «complejo de inferioridad». El nombre es relativamente nuevo; pero el drama es viejo como el mundo. Según esta nomenclatura el drama de Caín sería el primer complejo de inferioridad en la historia del hombre.

FERNANDO.—Bien, pero... ¿por qué me la ha contado usted, sin mirarme? ¿Quiénes son esos hermanos?

DOCTOR.—Cualquiera.

FERNANDO.—No, no son cualquiera... ¡Uno soy yo!

DOCTOR.—Tal vez.

DICHOS Y ALICIA. *Luego,* JUAN Y CHOLE

(Entra Alicia, aterrada, a gritos.)

ALICIA.—¡Doctor, doctor..., Fernando!

DOCTOR.—¿Qué ocurre?

ALICIA.—Ha sido la señorita Chole... ¡En el lago!

FERNANDO.—¿Chole?

DOCTOR.—¿Cómo? ¿Qué quieres decir? ¿Qué significa esto, Hans?

(Se oye dentro la voz de Juan llamando angustiado.)

JUAN.—¡Chofe!... ¡Chole!... *(Entra, trayéndola en brazos, húmedos los vestidos de los dos. La conduce desmayada hasta un asiento. Hans queda en el umbral.)* ¡Pronto, doctor..., pronto!

DOCTOR.—¿Qué ha sido?

JUAN.—No tiene pulso... no la oigo respirar... ¡Doctor!

(El Doctor la examina.)

FERNANDO.—Pero ¿qué ha sido?

JUAN.—La vi caer. No sé si he llegado a tiempo.

FERNANDO *(Al Doctor)*.—¿Vive?

DOCTOR.—Silencio... *(Pausa. Chole entreabre los labios con un gemido.)* Está salvada.

FERNANDO.—¡Chole!... ¡Mírame, Chole!

(Chole vuelve en sí lentamente. Sonríe al ver a Fernando a su lado: le busca las manos, que aprieta emocionadamente.)

CHOLE.—¿... Has sido... tú...? Gracias, Fernando...

JUAN *(Ha quedado aparte. Repite como un eco amargo)*.— Fernando... ¡Siempre Fernando!

Telón

Acto Tercero

En el mismo lugar, al día siguiente. Es el primer día de la primavera. Luz fuerte de mañana. Se oye en el jardín el «Himno a la Naturaleza» de Beethoven, mientras va subiendo el telón, lentamente. Alicia, inmóvil en el umbral del fondo, escucha. Entra Chole, fatigada y débil. Alicia va a acudir a ella. Chole le hace un gesto de silencio. Y escuchan las dos hasta que el himno termina.

CHOLE.—¿Qué música era ésa, Alicia? ¿Beethoven?

ALICIA.—El «Himno a la Naturaleza».

CHOLE.—Qué solemnidad tiene. Y qué sensación de consuelo, de serenidad. Parece un canto religioso.

ALICIA.—Sí, el doctor me lo ha explicado. Beethoven quiso cantar en esos acordes la primera primavera del mundo; la emoción religiosa del hombre ante el despertar de la Naturaleza. Un canto de vida y de fecundidad.

CHOLE.—Y de esperanza.

ALICIA.—También. El maestro Ariel lo hacía tocar siempre que se sentía atormentado por la idea de su destino. Y siempre también, como un deber, al llegar el día de hoy.

CHOLE.—¡Hoy! ¿Pues qué día es hoy?

ALICIA.—¡Es el primer día de la primavera! *(Pausa.)* ¿Estás mejor?

CHOLE.—¡Si no ha sido nada! ¿Y tú, Alicia? ¿Te pasa algo a ti? Tienes los ojos muy cansados.

ALICIA.—No he podido dormir en toda la noche.

CHOLE.—¿Por mí?

ALICIA.—Por ti. Tú eras la risa, el amor, la juventud... ¡Pensar que todo eso ha podido desaparecer en un momento! Cuando te vi con los ojos y las manos apretados, tan fría y tan blanca...

CHOLE *(Angustiada por el recuerdo).*—¡Calla!

ALICIA.—No podía creerlo; se me rebelaba el corazón y me dolía como si me lo estrujaran.

CHOLE.—¿Por qué te lo dijeron?

ALICIA.—No me lo dijo nadie; lo vi. Yo estaba buscando tréboles a la orilla cuando te caíste.

CHOLE.—...¿Y por qué dices «cuando te caíste»?

ALICIA.—Porque fue así. ¡No pudo ser de otra manera, Cholé! Tú venías andando por la orilla, con los ojos altos. Creía que venías a buscarme. Y de pronto, diste un grito..., resbalaste en la yerba... ¿Verdad que fue así, Chole?

CHOLE *(Le aprieta las manos con gratitud).*—Sí... así fue.

ALICIA.—Al oír aquel grito, yo me quedé sin sangre, quieta, como si estuviera atada. ¡Tú estabas allí, a mi lado, luchando con la muerte, y yo no podía moverme! Fue entonces cuando llegó él.

CHOLE.—El... ¿Tú le viste?

ALICIA.—Sí.

CHOLE.—Dime, Alicia, hay una cosa que necesito saber...

ALICIA.—Di.

CHOLE.—Quería saber... *(Se detiene con miedo.)* No, no me digas nada. Tengo miedo a que no sea.

ALICIA.—¿Qué?

CHOLE.—Nada. *(Desvía el tono y le pregunta.)* ¿Qué libro llevas ahí?

ALICIA.—Los poemas de Tennyson. Son para el viejo, ¿te acuerdas? Para el padre de la otra Alicia. Me está esperando.

CHOLE.—¿Está más tranquilo?

ALICIA.—Cuando leemos, sí.

CHOLE.—¿Habláis?

ALICIA.—A veces; muy poco, muy bajito... Ya se va acostumbrando a mi voz.

CHOLE.—Ve con él; no le hagas esperar más.

ALICIA.—¿No me necesitas?

CHOLE.—Te necesita él.

(Entra el Doctor, trae un ramo de flores. Alicia sale.)

CHOLE Y EL DOCTOR

DOCTOR.—¿Qué tal van esas fuerzas?

CHOLE.—Bien ya; del todo.

DOCTOR.—He ido a buscarla a su cuarto; creí que no se habría levantado hoy. Le llevaba estas flores.

CHOLE.—Preciosas. Gracias, doctor.

DOCTOR.—De nada. No son mías.

CHOLE.—¿De Fernando?

DOCTOR (*Vacila*).—Tampoco.

CHOLE.—Ya..., ya sé. Juan.

DOCTOR.—No se ha atrevido a traérselas él mismo. Pobre muchacho; toda la noche la ha pasado detrás de su puerta, temblando como un niño, escuchando su aliento. ¿Respira usted ya bien?

CHOLE.—Todavía me cuesta un poco. Parece espeso el aire.

DOCTOR.—Cargado, sí. Es la llegada de la primavera. Abajo, en las ciudades, no se siente eso. Se va notando poco a poco; se sabe por los calendarios, y porque las muchachas cambian de sombrero. Pero aquí, ¡qué fuerza tiene! Llega de repente; sube por esas laderas, a gritos, cargada de menta y de resinas, retumba en las montañas... ¡Es como si resonara una llamada desde las entrañas de la tierra, y todo el campo se pusiera de pie! ¿No se siente usted como aturdida?

CHOLE.—Sí, un poco.

DOCTOR.—Es la tierra que nos está llamando desde dentro. La civilización nos va cegando los sentidos a estas cosas. Pero cuando la savia estalla blanca en los almendros, cuando los brezos se calientan, cuando respiramos el olor de la tierra mojada... ¡Cómo sentimos entonces que estamos hechos de ese mismo barro! ¿Se sonríe usted?

CHOLE.—Le admiro, doctor. Tiene usted una fe sin límites en la Naturaleza.

DOCTOR.—¿Usted no?

CHOLE.—La tenía. ¿Recuerda lo que hablábamos aquí mismo ayer? Decía yo que matarse en plena juventud, en la hora del amor y de la primavera, era un insulto. Yo tenía la juventud, yo tenía el amor, la primavera estaba ya a la puerta... Y sin embargo, aquella misma tarde...

Doctor.—¿Por qué, Chole, por qué?

Chole.—Qué importa ya; fue un arrebato sin sentido. Me vi situada de pronto como un obstáculo entre dos hermanos que se quieren y que se huyen. Y pensé que apartándome yo, se acercarían. ¡Qué locura!

Doctor.—Todo se arreglará por sí mismo. La vida está llena de caminos.

Chole.—Para algunos. Hay otros que los encuentran todos cerrados.

Doctor.—Entonces, ¿sigue usted pensando?

Chole.—No, no tenga miedo por mí. Yo me he acercado a la muerte, y he visto ya que no resuelve nada; que todos los problemas hay que resolverlos de pie.

Doctor.—¿Se siente usted más fuerte ahora?

Chole.—Procuraré serlo. La vida me ha abierto de pronto una interrogación bien amarga. Y no hay más remedio que darle una respuesta. No sé cuándo ni cómo; pero le juro que no será aquí.

Doctor.—¿No está a gusto entre nosotros?

Chole.—No, sinceramente. Perdóneme, doctor; usted es un gran corazón y un gran amigo; pero me parece que el maestro Ariel y usted se han equivocado con la mejor buena fe. Han ideado un refugio para almas vacilantes, pero no han sospechado lo que un ambiente así puede contagiar a los otros. Coquetean ustedes con la idea de la muerte, burlándose ingeniosamente. Pero la muerte es más hábil que ustedes; y hay momentos débiles en que se presenta tan hermosa, tan fácil... Es un juego peligroso.

DOCTOR.—Tal vez.

CHOLE.—Yo le aseguro que en mi casa y entre las cosas que me son amigas, no hubiera sentido nunca esa negra tentación de anoche. ¿Por qué la sentí aquí? Piénselo doctor: si me hubiera matado ayer, yo sería una gran culpable, pero el doctor Ariel y usted tampoco podrían mirarme muy tranquilos.

DOCTOR.—Perdón...

CHOLE.—Cierre esta casa, amigo Roda. Emplee su talento y la fortuna del maestro Ariel allí donde los hombres viven y trabajan. Pero hoy que la vida del mundo está empezando otra vez, cierre esa Galería con cadenas. ¿Lo hará usted?

DOCTOR.—Acaso.

CHOLE.—Hágalo por mí, por todos... Hoy es el primer día de la primavera. ¡Hoy es un delito morir! *(Sale. El Doctor queda ensimismado. Repite casi inconscientemente.)*

DOCTOR.—Tal vez, tal vez... *(Entra Hans.)*

EL DOCTOR Y HANS

DOCTOR.—¿Qué hay de nuevo, Hans? ¿Por qué se ha quitado usted su bata?

HANS.—Lo he buscado despacio. El doctor no puede dudar de mi lealtad; pero yo no sirvo para ciertas cosas. Vengo a despedirme.

DOCTOR.—¿Nos deja usted?

HANS.—Sí, doctor. Lo siento; había tomado cariño a la casa, tenía esperanzas en ella. Pero esto no marcha.

DOCTOR.—No está usted contento.

HANS.—¿Y cómo voy a estarlo? Yo vine lleno de ilusiones a su servicio; usted lo sabe. He puesto de mi parte cuanto he podido, he cumplido fielmente todas mis obligaciones. ¡Y para qué! Desde que estoy en esta casa, sólo el perro del jardinero se ha decidido a morirse. Y se murió de viejo. No..., no hay porvenir aquí.

DOCTOR.—¿Ha encontrado usted otro puesto?

HANS.—Ayer me han hablado del Hospital General. ¡Aquello sí que está bien organizado! Allí se muere la gente todos los días como Dios manda, sin literatura. Perdóneme el doctor, pero cada hombre tiene su destino.

DOCTOR.—Comprendo, Hans. Y no he de ser yo quien estorbe el suyo.

HANS.—He vacilado mucho, se lo aseguro. He esperado un día y otro día. Anoche, con la señorita Chole, llegué a tener un rayo de esperanza. ¡Ilusiones! Hoy, ya lo habrá visto usted, tiene más ansias de vivir que nunca. Y no digamos de los otros. Esta mañana el profesor de la Filosofía ¡ya ni siquiera se ha tirado al agua! La cantante de ópera anda por ahí, entre los sauces, besando furiosamente a ese pobre muchacho. La misma Dama Triste, usted lo sabe, no está triste ya. Esto se hunde...

DOCTOR.—Está bien, Hans, está bien. Pase usted cuando quiera por mi despacho a arreglar su cuenta.

HANS.—Oh, no vale la pena. Estas cosas no se hacen por dinero. Yo soy un idealista. Adiós, señor Roda.

DOCTOR (*Tendiéndole la mano*).—Adiós, Hans... Buena suerte.

HANS (*Saliendo*).—Y créame, doctor; si esto no toma otro rumbo ya puede usted cerrar la casa. No hay nada que hacer. (*Sale.*)

DOCTOR.—Cerrar... Quizá tenga razón. (*Llama:*) Alicia... ¡Alicia!

> (*Sale en su busca. Viniendo del jardín entra el Amante Imaginario. Mira en torno desde la puerta, como si se sintiera perseguido. Se deja caer desfallecido en una butaca con un suspiro de alivio. Llega en seguida Cora.*)

CORA YAKO Y EL AMANTE

CORA.—¿Dónde se esconde mi cachorro?

AMANTE (*Sobresaltado*).—¡Tú!

CORA.—Mi héroe, mi lobezno. Alégrate, corazón: salta, grita, aúlla. ¡Ya me tienes aquí!

AMANTE.—Te esperaba.

CORA.—Nadie lo diría; con esa cara... Parece que me huyes.

AMANTE.—¡Yo! Te he estado buscando toda la mañana.

CORA.—¿Por dónde, mi jilguero? Me he levantado cantando, he corrido por esas montañas gritando tu nombre, me he bañado en el torrente... Después he estado tirando piedras a tu ventana. ¿Tan dormido estabas?

AMANTE.—¡Pero si estoy despierto desde el amanecer!

CORA.—¿Y no me oías? Te tiré piedras primero, hasta que rompí los cristales. Después te tiré ramos de violetas. ¿Tampoco las violetas te llegaron?

AMANTE.—Tampoco.

CORA.—¡Ah, cruel; estabas dormido! Y Cora, a tu puerta esperando como una alondra. Cora, que te buscaba; Cora, que te necesitaba. ¡Coya Yako, lobezno, Cora Yako! (*Se sienta en el brazo de su butaca. Lo arrulla con caricias y palabras*) ¿Eres feliz? ¿Has pensado en mí? ¿Soy como tú me soñabas?... (*El contesta con unas exclamaciones guturales en superlativo. Ella le imita.*) ¡Hum, hum! ¿Es qué no sabes hablar?

AMANTE.—¡Es que no me dejas!

CORA.—¿Qué es lo que te gusta de mí? No, todo no; siempre hay algo... ¿El cuello? ¿Las manos?...

AMANTE.—Los ojos. Los ojos sobre todo. ¡Son los de aquella noche!

CORA.—¡Aquella noche que estuve cantando para ti solo sin darme cuenta! Mira esos ojos, lobezno; aquí los tienes, son tuyos... ¿No me besas?

AMANTE.—Sí.

CORA.—¿Por qué estás temblando? ¿Te doy miedo? Ay, qué pobre muchacho eres, mi héroe, mi poeta..., mi pobre poeta pequeño. ¿Estás triste? Yo te imaginaba vibrante, apasionado... ¡Subiéndote por las paredes al verme, arrancando las retamas al correr, saltándome a los hombros!...

AMANTE.—Tú te imaginabas un cruce de jabalí y orangután.

CORA.—Algo así. Pero no importa. No estés triste tú, mi jilguero mojado, mi poeta de bolsillo. Te quiero como eres: pequeño, acobardado, soñador... ¿Por qué has leído tanto, pobrecito mío? Tú no sabes cómo debilita eso. No lo volverás a hacer, ¿verdad? (*Voluble, persiguiendo sus propias palabras por la escena.*) ¡Ahora vamos a vivir!, a correr el mundo juntos, ¡abrazados!

AMANTE *(Con ilusión).*—¡Cora!

CORA.—Ahora vas a tener conmigo todo lo que soñaste: Egipto, y el desierto, y las selvas, y las islas de jardines...

AMANTE.—¡Los lotos y los elefantes blancos! ¡Las pagodas budistas con sus tejadillos en forma de zueco, colgados de campanillas!

CORA.—Y tantas cosas más que tú no sabes, que no están en los libros. Pero hay que hacerse fuerte, mi lobezno: en cuanto sales de Europa, ya no hay más que mosquitos.

AMANTE.—¿Mosquitos?

CORA.—Unos mosquitos verdes, venenosos y pequeños, que se cuelgan por todas partes. Y que dan la fiebre, y el sueño... y a veces, la locura. Pero no te asustes tú, mi héroe..., también hay mosquiteros, y cremas especiales para la piel. ¡Y luego, la ciencia! Por cada mosquito que produce Dios, producen una inyección los alemanes.

AMANTE.—Menos mal.

CORA.—¿No te hace ilusión visitar conmigo la India?

AMANTE.—¡Oh, sí; los dioses del Ramayana, el Ganges sagrado de las tres corrientes!...

CORA.—Mira, el Ganges es mejor dejarlo. Hay serpientes, ¿sabes?, y cocodrilos. Y luego, las fiebres gástricas, que te van poniendo amarillo, amarillo... *(De pronto.)* ¿Tú me quieres? ¿Me quieres, me quieres?

AMANTE *(Irguiéndose gallardamente).*—¡Te quiero como un cosaco!

CORA.—¿Dispuesto a todo?

AMANTE.—¡A todo!

CORA.—¿Por qué no nos vamos ahora mismo?

AMANTE *(Aterrado al verla tan cerca).*—¿Ahora?

CORA.—Ahora, ahora... ¿A qué esperamos? (*Consulta su reloj.*) El coche está dispuesto en un momento. ¿Tú sabes conducir?

AMANTE.—No.

CORA.—Bien, conduciré yo. Pero te advierto que yo no sé conducir a menos de ciento veinte. Son las once menos cuarto; saliendo a las once en punto, a las cuatro estamos de sobra en Venecia; y todavía podemos tomar el avión de la tarde. Ya está. Esta noche cenamos en Marsella. ¿Hecho? Un momento. Voy a preparar el coche.

AMANTE.—Pero, Cora..., espérate un poco, mujer.

CORA.—¿Qué?

AMANTE.—Vamos a salir así... ¿sin despedirnos?

CORA.—¿De quién? Yo no me he despedido nunca.

AMANTE.—Del doctor, de los compañeros... Y luego, hay que pensar en todo. Hace falta dinero.

CORA.—Bah, para empezar... ¿no tendrás encima treinta mil pesetas?

AMANTE.—¿Yo?

CORA.—Quince mil..., diez mil siquiera...

AMANTE.—Yo no tengo un céntimo.

CORA.—Entonces... ¿el robo del banco?

AMANTE.—No robé más que para las orquídeas.

CORA.—¡Nada más!... Bueno, es lo mismo. Ya encontraremos un caballo blanco.

AMANTE.—¿Y adónde vamos con un caballo blanco? Necesitaremos por lo menos dos.

CORA.—¡Dios! (*Ríe divertida.*) ¡Eres un héroe! ¿Ves cómo ya te vas soltando? (*Deja de reír.*) Oye, ¿de verdad no sabes lo que es un caballo blanco?

AMANTE.—No sé..., cuando yo estudiaba, un caballo blanco era... un caballo blanco.

CORA.—Ay, niño mío... Pero ¿qué os enseñan a vosotros en esa Universidad? Cuánto te queda que aprender. ¡Anda! A preparar tus cosas.

AMANTE (*Indeciso*).—Entonces... ¿nos vamos?

CORA.—Nos vamos.

AMANTE.—Es que... no tengo pasaporte.

CORA.—Sin él; ya se arreglará eso en el camino. Todos los cónsules del mundo son amigos míos. Los ingleses son los peores, y cuando se sabe sonreír, también se ablandan. ¿Tú sabes inglés?

AMANTE.—No.

CORA.—Es lo mismo. Todos hablan francés.

AMANTE.—Es que tampoco hablo francés.

CORA.—Pues te callas; te callas en todos los idiomas. ¿Vamos, qué esperas?

AMANTE.—Voy... Voy (*Vacilante.*) ¿A Marsella, verdad?

CORA.—A Marsella.

AMANTE.—¿En avión?

CORA.—En avión. ¿Por qué?

AMANTE.—Es que... es la primera vez que voy a tomar un avión. Creo que eso marea mucho.

CORA.—Historias. Menos que el barco.

AMANTE.—Es que tampoco me he embarcado nunca.

CORA (*Impaciente*).—¡Hay píldoras!

AMANTE.—Ah..., hay píldoras. Entonces... ¿resuelto?

CORA.—Resuelto. ¿Cuánto tardas en preparar tu equipaje?

AMANTE (*Apunto de sollozar*).—Cora, Cora...

Cora.—¿Qué?

Amante.—¡Si es que tampoco tengo equipaje!

Cora.—¿Nada? ¿Ni un smoking?

Amante.—Tengo dos camisas... y un libro.

Cora.—Pues anda, coge las camisas.

Amante.—El libro es un manuscrito mío... inédito. Poemas.

Cora.—Aunque sea tuyo. Libros, nunca más o estamos perdidos. Si no hubieras leído tanto no te pasarían ahora estas cosas. ¿A las once en punto?

Amante.—A las once.

Cora.—Faltan diez minutos. ¿Tienes reloj por lo menos?

Amante (*Nervioso, se lleva las manos a los bolsillos. Sonríe feliz al encontrarlo.*)—Sí, reloj sí. Y de plata. Es un recuerdo de mi padre. (*Se lo lleva al oído con espanto.*) ¡Parado!

Cora.—Pues pon en punto el reloj de tu padre. ¡Y no vayas a hacerme esperar, eh! Eso sí que no se lo he consentido nunca a ningún hombre. Si no estás a las once daré tres bocinazos. Pero al tercero arranco.

Amante.—Estaré.

Cora.—Hasta en seguida, mi héroe, mi lobezno bonito. (*Lo empuja a besos. Sale el Amante. Fernando ha entrado a tiempo para ver y oír el final de la escena.*)

Fernando.—¿Se marchan ustedes?

Cora.—Dentro de diez minutos. A Marsella. Y si hay barco mañana, a la India. Dígale adiós a Chole de mi parte; yo no tengo tiempo. Le pondremos un cable desde El Cairo. ¡Adiós, Fernando!

Fernando. ¡Feliz viaje! (*Sale Cora. Fernando juega dolorido los dedos de la mano que ella ha estrechado con fuerza, y mira con lástima hacia donde salió el Amante.) Pobre mucha-cho... (Entra Hans con su humilde equipaje: un portamantas con su paraguas.)*

FERNANDO Y HANS. *Luego,* LA DAMA TRISTE

FERNANDO.—¿También usted se va?

HANS.—También.

FERNANDO *(Fijándose en su equipaje).*—¿A El Cairo?

HANS.—A la ciudad. Me han ofrecido un puesto en el Hospital General.

FERNANDO.—¡Ah!, enhorabuena.

HANS.—Aquello es otra cosa: hay ambiente. Acabo de leer un resumen en la «Gaceta Médica»: solamente en una semana; ¡veinticinco casos!

FERNANDO.—Espléndido.

HANS.—Aquí, en cambio, ya ve. Al principio la cosa prometía; acudía la gente, hubo varios intentos. En fin, para empezar no estaba mal. ¡Pero ahora! Esa Cora Yako ha acabado por ponerme fuera de mí. ¿La ha oído usted reír? ¡Es insultante! ¿Y besar?

FERNANDO.—Tiene mucha vida esa mujer.

HANS.—Demasiada. *(Confidencial.)* ¿Sabe usted que ha intentado seducirme?

FERNANDO.—¡A usted!

HANS.—A mí. Esta mañana. Estaba yo afeitándome tranquilamente a la ventana y, así como jugando, ha empezado a tirarme piedras. Tuve que refugiarme en el interior. Cuatro piedras como nueces metió por los cristales. Y después un ramo de violetas. Lo de las piedras pase, pero un ramo de violetas a mí... ¡Un poco de formalidad, señora! ¿Y el caso de la Dama Triste? Es espantoso. Imagínese usted que anoche, en ese césped, entre las acacias... (*Viéndola llegar.*) ¡Ella! (*Entra la Dama Triste, cantando entre dientes el «Danubio Azul». Viene sonriente, vestida de colores claros; graciosamente rejuvenecida, pero sin bordear en ningún momento el grotesco.*)

DICHOS Y LA DAMA TRISTE

DAMA.—Buenos días, Hans. Buenos días, Fernando.

FERNANDO.—¿Han visto qué mañana tan hermosa? Todo está blanco de narcisos; huele a corazón el campo... ¡Ay, cómo retumba aquí esa primavera local! ¿Les gusta este vestido?

FERNANDO.—Es muy alegre.

DAMA.—¿Discreto, verdad? Y le advierto que no es nada: un nansú gracioso, unos godés, el clip de plata..., nada. Perdonen ustedes que no me entretenga..., me están esperando. ¿Por qué tiene usted ese aire tan triste Fernando? ¡Un día como hoy! ¿Se siente mal? Arriba ese corazón, amigo mío. ¿Por qué no se viene usted a comer con nosotros?

FERNANDO (*Asombrado*).—¿A comer?

DAMA.—Comemos arriba, junto a la fuente. Habrá de todo: carnes blandas y de monte, truchas del torrente, frutas nuevas y vinos rubios andaluces, de esos que hacen cosquillas en el alma. ¿Le esperamos? Anímese, Fernando; hasta luego. ¡Buenos días, Hans! (*Hace un gracioso gesto de despedida, agitando los dedos, y se va feliz tarareando, marcando inconsciente el paso del vals. Fernando mira a Hans desconcertado.*)

FERNANDO.—Pero, ¿es que se ha vuelto loca esa mujer?

HANS.—Peor. ¿No la ha oído usted tararear el «Danubio Azul»?

FERNANDO.—Sí, parecía.

HANS.—¿Y no lo recuerda eso nada?

FERNANDO. ¡El profesor de Filosofía!...

HANS.—El mismo. Anoche los sorprendí juntos, al claro de luna, entre las acacias. (*Filosófico.*) ¿Se ha fijado usted alguna vez en los ojos de las vacas?

FERNANDO.—Sí: son la imagen de la ternura húmeda.

HANS.—Pues bien: anoche el Profesor tenía ojos de vaca. Estaban sentados en un ribazo. El, miraba la luna; después la miraba a ella. Y suspiraba. Cuando un profesor de Filosofía se arriesga a suspirar, está perdido.

FERNANDO.—¿Los vio usted?

HANS.—¿Qué no habré visto yo en esta vida? Estaban muy juntos, cogidos de las manos. El se reclinaba sobre su hombro, y le reclinaba su hombro, y le recitaba al oído una cosa íntima y lenta.

FERNANDO.—¿Versos?

HANS.—Seguro. No pude coger más que una estrofa suelta. Decía: (*Recita líricamente.*) «Todo cuerpo sumergido en el agua, pierde su peso una cantidad igual al peso del líquido que desaloja.» ¿Le parece a usted?

FERNANDO.—¡Pero eso es tremendo!

HANS.—Tremendo. Es la primavera; no hay nada que hacer. Ya se han despedido del doctor. Se marchan esta tarde ¡juntos! (*Pausa. Tono de confidencia.*) Sólo queda una esperanza... lejana. ¿Recuerda usted la afición del Profesor a tirarse a los lagos? (*Se acerca, acentuando el secreto.*) Se van a Suiza.

(Se hacen ambos un gesto de silencio cómplice, llevándose un dedo a los labios.) ¡A Suiza! *(Sale Hans. Fernando queda solo, ensimismado, con un gesto triste que lucha por arrancarse. Enciende un pitillo. Vuelve el Amante, mirando furtivamente a todos lados.)*

AMANTE.—¿No está?

FERNANDO.—¿Coya?... En el jardín; preparando el coche.

AMANTE.—Qué mujer, Fernando..., es terrible. ¿Por qué habrá venido? ¡Tan bella como yo la soñaba!

FERNANDO.—Y sin embargo es la verdadera. La que cantaba para usted aquella noche del «Fausto».

AMANTE.—Ah, no; la mía es otra cosa: una ilusión, un poema sin palabras. Los ojos, sí: son los mismos de aquella noche.

FERNANDO.—Puede ser para usted la gran aventura.

AMANTE.—Una aventura peligrosa. Usted no la conoce: esa mujer me mata en quince años.

FERNANDO.—Es el amor.

AMANTE.—¡Pero qué amor! Yo soñaba los besos de mujer como una caricia suave; como un repicar de pétalos en la piel. Cora no es eso.

FERNANDO.—¡Besa fuerte, eh!

AMANTE.—¡Muerde! Trepida..., estalla. Ahora ya me voy acostumbrando un poco. Pero ayer... del primer beso que me dio, me tiró al suelo. ¡Y abrazando! Se enrolla, rechina, solloza unas cosas guturales que ponen los pelos de punta. ¡Es un temblor de tierra, Fernando, es un temblor!

FERNANDO.—Le ha tomado usted miedo.

AMANTE.—Miedo, miedo, no. La quiero, me gustaría verla siempre. Pero un poco desde lejos.

FERNANDO.—Desde lo alto de la galería.

AMANTE.—Eso, así: desde lo alto.

FERNANDO.—¿No se iban a marchar ustedes juntos?

AMANTE.—Ahí está, que sí..., que no tengo más remedio que marchar con ella, que los minutos van pasando.
¡Y que no sé qué hacer!

FERNANDO.—La gran aventura no se presenta más que
una vez en la vida. Usted la tiene ahora en sus manos. Piénselo bien.

AMANTE.—¡Si pudiera quedarme solamente con los ojos!

FERNANDO.—Pero, ¿no era este momento lo que usted
soñaba?

AMANTE.—Ah, soñar es otra cosa.

FERNANDO.—¡Cora Yako es el amor, los barcos, los países lejanos!...

AMANTE.—Pero, qué países, Fernando. Llenos de peli-
gros horribles: los mosquitos verdes..., las fiebres intesti-
nales..., ¡los cónsules!

FERNANDO.—¡Es la India de los dioses! ¡El Japón de los
héroes y los amantes!

AMANTE.—No puedo..., no puedo... (*Se sienta, desfallecido.*)

FERNANDO.—En ese caso, hay otra solución. Renuncie
a la Cora Yako auténtica. Quédese con la que usted ha soñado. Y dedíquese a escribir.

AMANTE.—¿A escribir?

FERNANDO.—Sí: es otra forma de heroísmo. Las novelas nunca las han escrito más que los que son incapaces de
vivirlas. ¿Qué sueldo tenía usted en el banco?

AMANTE.—Nada; doscientas cincuenta pesetas.

Fernando.—Yo puedo ofrecerle quinientas en el periódico, y vacaciones pagadas. ¿Quiere usted encargarse de la página de viajes y aventuras?

Amante (*Ilusionado*).—¿Cree usted que serviré?

Fernando.—¿Por qué no?

Amante.—Es que yo no he salido nunca de mi casa de huéspedes.

Fernando.—¿Y qué importa eso? El arte no es cosa de experiencia; es cosa de imaginación. Javier de Maiestre hacía viajes maravillosos alrededor de su cuarto; Beethoven era sordo; Milton cuando escribió el canto a la luz, estaba ciego.

Amante.—Si valiera la pena..., yo tengo un libro de versos.

Fernando.—Rómpalo usted en seguida. Y no se atreva a confesar eso entre los compañeros; le perderán el respeto. (*Suena en el jardín el primer bocinazo.*)

Amante.—¡Ahí está ya! (*Sin acertar con su reloj.*) ¿Qué hora es?

Fernando.—¡Las once en punto!

Amante.—Al tercer bocinazo, arranca. ¿Qué hago, Fernando, qué hago?

Fernando.—¡Va uno! No lo piense más. (*Señalando alternativamente al jardín y al interior.*) O se va usted por ahí a vivir aventuras... o se va por ahí a escribirlas.

Amante.—Es que no tengo un céntimo..., estoy seguro de que me mareo en el avión...

Fernando.—¡Pero es una mujer la que le está llamando!

Amante.—No tengo más que dos camisas...

Fernando.—¡Es Cora Yako!

Amante.—Los mosquitos verdes...

Fernando.—¡Es el amor!

AMANTE.—Los cocodrilos... (*Suena otro bocinazo.*)

FERNANDO.—¡Dos!

AMANTE (*A gritos.*)—¡Voy! (*Corre hacia el jardín. Se detiene en el umbral. Se vuelve, nervioso y urgente.*) Fernando..., ¿qué es un caballo blanco?

FERNANDO.—¡A estas horas!

AMANTE.—Por su alma, que es un problema de vida o muerte.

FERNANDO.—Según. Científicamente, es un simple equino monodáctilo de cuatro patas y pigmento claro.

AMANTE.—¿Y artísticamente?

FERNANDO.—Ah, artísticamente... es un viejo que paga.

AMANTE (Aniquilado).—El viejo... que paga (*Reacciona con violencia.*) Y era eso lo que me proponía... ¡A mí! (*A gritos otra vez.*) ¡No voy! (*Suena la tercera llamada.*)

FERNANDO.—¡Y tres! (*Se asoma al jardín. Se le ve hacer un gesto de despedida.*)

AMANTE (*Contemplando melancólicamente su reloj*).—Las once. A las cuatro en Valencia..., al anochecer en Marsella..., el mar... (*En un impulso repentino*) Cora... ¡Cora!

FERNANDO.—Ya se fue.

AMANTE.—Soy un pobre hombre...

FERNANDO.—¡Es usted un héroe! Déjela marchar en paz y recuérdela. Es mejor. Son dos vidas que no podrían fundirse nunca. Y ahora, a escribir el reportaje para la semana que viene. Título: «Una noche con Cora Yako en el Japón.»

AMANTE.—¿En el Japón?

FERNANDO.—Sí. Las fotografías ya las haremos en el estudio, como siempre.

AMANTE.—¿Me dejará usted poner algo de las gheisas?

FERNANDO. —Y de los petirrojos también; y de los cerezos en flor. Pero con cuidado, eh, con cuidado.

AMANTE. Una cosa así? «Habíamos tomado al amanecer el avión de Yokohama...»

FERNANDO.—Así, muy bien.

AMANTE.—«Cora reía junto a mí, a tres mil pies sobre las islas blancas de crisantemos...» *(Saliendo.)*

FERNANDO.—Así. Así... Tenemos hombre.

FERNANDO Y CHOLE

FERNANDO *(Acudiendo a ella al verla llegar).*—¡Oh, Chole! ¿Estás mejor? ¿Te sientes débil todavía?

CHOLE.—Ya pasó todo.

FERNANDO.—¿Todo?

CHOLE.—El dolor, el peligro... Lo otro, habrá que resolverlo también tarde o temprano. *(Pausa. Con un tierno reproche.)* ¿Por qué te escondes, Fernando? No te he visto desde ayer. ¿Crees que puede adelantarse algo así? Hay delante de nosotros una verdad cruel que no se borra con cerrar los ojos.

FERNANDO.—No pienses ahora en eso. No te he visto porque el doctor me lo prohibió. Tenías fiebre; necesitabas reposo y soledad.

CHOLE.—¿No me viste anoche?

FERNANDO.—Sí. No respirabas todavía. Cuando te caíste al lago...

CHOLE.—¿También tú? ¿También tú dices «cuando te caíste»?... ¿Por qué quieres engañarte a ti mismo? No me caí: lo quise yo. Iba a buscar la muerte.

FERNANDO.—¡No, Chole, no es posible!

CHOLE.—También me lo parece a mí ahora. Pero ayer...
Dime, Fernando; hay una cosa que necesito saber, que no
he querido preguntar a nadie porque tengo miedo a la verdad. Pero que no se puede callar más. Dime, anoche...,
cuando me caí..., hubo un hombre que arriesgó su vida
por la mía. Lo vi entre sueños... ¿Eras tú, verdad? (*Le mira
angustiada, esperando.*)

FERNANDO.—No.

CHOLE.—No eras tú...

FERNANDO.—Hubiera querido serlo. Pero fue Juan. El
te vio caer; yo no lo supe hasta después, cuando te traje-
ron aquí.

CHOLE (*Acariciando inconscientemente las flores del hermano*).—Pobre Juan... Toda la noche ha estado sin sueño,
con el oído pegado a mi puerta, oyéndome respirar. Ha
sufrido más que yo misma. Tú no sabes, Fernando, qué
bueno..., qué bueno y qué desgraciado es tu hermano.

FERNANDO.—Lo sé todo.

CHOLE.—¿Todo?... ¿Has hablado con él?

FERNANDO.—Con el doctor. El no me lo diría nunca.
Yo tampoco me atrevo a hablarle. Nos estamos huyendo
como dos lobos heridos que se tienen miedo.

CHOLE.—¡Hasta cuándo!

FERNANDO.—¡Hasta ahora mismo! No puedo más. Com-
préndelo, Chole: hasta para ser desgraciado hace falta un
poco de costumbre. Yo no puedo, no resisto.

CHOLE.—¿Has pensado alguna solución?

FERNANDO.—¡Salir de aquí..., huir!

Chole.—¿Y adónde? ¿Dónde podríamos escondernos que el recuerdo de Juan no estuviera con nosotros? No, Fernando..., no hay ya felicidad posible. La sombra de tu hermano se metería entre nuestros besos, enfriándonos los labios.

Fernando.—¿Y qué podemos hacer? ¿Era solución lo que tú, pensaste anoche? ¿Creías que desapareciendo tú, íbamos a aproximarnos él y yo? Tu muerte nos hubiera separado todavía más, convirtiendo en odio lo que hasta ahora no ha sido más que dolor.

Chole.—Es posible. Pero desde anoche no he dejado de pensar.

Fernando.—¿Y qué has pensado?

Chole.—Juan no ha tenido nunca nada suyo. Ha estado siempre solo entre todos nosotros, contemplando nuestra felicidad con sus ojos hambrientos, como un niño pobre delante de un escaparate. ¡No puede seguir solo! Vete tú si puedes. Yo me quedo.

Fernando.—¿Con él?

Chole.—Yo seré a su lado la madre que no le supo comprende, la hermana que no tuvo. ¡Que haya por lo menos en su vida una ilusión de mujer!

Fernando.—¡Pero eso no puede ser, Chole! ¡No es así como te quiere Juan!

Chole.—Lo sé; se lo oí ayer a él mismo. Y todavía ayer fui injusta una vez más. Tenía a mi lado un corazón sangrando desesperado, y sólo sentí miedo, casi repugnancia..., como si un mendigo me asaltara en la calle.

Fernando.—No puede ser, Chole. Ahora es cuando estás ciega, atormentada de remordimientos por culpas que no existen.

CHOLE.—No; ciegos estábamos antes; cuando no había en la tierra otra cosa que nuestra felicidad. Ni una vez se nos ocurrió mirar alrededor nuestro. ¡Y allí estaba siempre Juan, tiritando como un perro a la puerta!

FERNANDO.—Pero, ¿es que crees que no lo siento yo? ¿Crees que el corazón de mi hermano no me duele a mí también? Si yo pudiera hacerle feliz, todo lo daría por él. Pero es que nada podemos hacer que no sea engañarle. No te atormentes más. Salgamos de aquí. Nunca podrás ser feliz con él.

CHOLE.—No se trata de que yo sea feliz. ¡Lo he sido tanto! Ahora lo que importa es él.

FERNANDO (*nervioso, cogiéndola de los brazos.*)—No, Chole, no pretendas jugar con tus sentimientos. Mira que el corazón tiene sorpresas peligrosas... ¡Mira que mañana puede ser tarde!

CHOLE.—No es tiempo de pensar. Mi puesto ahora está aquí, a su lado.

FERNANDO.—¿Porque te salvó la vida?

CHOLE.—Porque me ha entregado toda la suya.

FERNANDO.—Pero entonces... (*Le levanta el rostro.*) Mírame bien. ¿Qué está empezando a nacer dentro de ti? ¡Contesta!

CHOLE (*Se suelta suplicante pero resuelta*).—¡Por lo que más quieras..., déjame!

FERNANDO.—No, no es posible. Es tu piedad de mujer que te está tendiendo una trampa. Y Juan mismo tiene que impedirte caer en ella. Que nos perdone o que nos mate juntos..., ¡pero engañarle, no! (*Va hacia el interior llamando.*) ¡Juan..., Juan!

*(Juan aparece en el umbral del fondo. Chole, pálida al
verle, lanza una rápida mirada de súplica a Fernando,
y se dirige a él.)*

CHOLE.—¡No le escuches, Juan, no le escuches!...

*Juan, con los ojos fijos en el hermano, avanza apartan-
do a Chole sin mirarla, con suave energía.)*

JUAN.—¿Para qué me llamas con tanto grito? ¿Hay algo
tuyo en peligro y necesitas, como siempre, que te lo defien-
da yo?

FERNANDO.—No. Lo único que quiero es que ¡cueste
lo que cueste! no quede nada oscuro entre nosotros. Ahora necesito toda la verdad.

JUAN.—¿No la has oído ya? ¿O crees que Chole, por
gratitud, iba a representar esta vieja farsa cruel? Ella, tan
leal, tan entera, ¿te la imaginas tratando de pagar un verdadero amor con unas migajas de esa felicidad que os sobra
a los dos?

FERNANDO *(Retrocede sin voz al comprender que Juan ha
oído).* Juan...

JUAN.—No, Fernando, no; ni yo acepto limosnas ni ella
caería en la torpeza de una mentira piadosa. ¿Quieres la prue-
ba? Ahora mismo te la va a dar... ¡y con los ojos de frente!
¿Verdad, Chole? *(Chole, situada entre ambos, retrocede también.)* Vamos, ¿qué esperas? Ahí tienes a Fernando. El hombre feliz, el que no ha tenido que luchar jamás porque la
vida se lo ha dado todo; el que podía jugar en los jardines
cuando se moría su madre... Ahí lo tienes. El no ha sabido

nunca que había dolor en el mundo. Con él están la alegría y la salud, y todas las gracias de la vida. Aquí sólo está el pobre Juan, con su miseria y con su amor. Elige, Chole. ¡Para siempre! (*Chole vacila. Suplica a Fernando con el gesto y avanza dolorosamente hacia Juan.*)

CHOLE.—Juan...

JUAN (*La recoge en sus brazos con una emoción desbordada. Sus palabras tiemblan llenas de fiebre*).—¡La ves, Fernando! ¡En mis brazos! Ya no eres tú solo. También Juan puede triunfar ¡por una vez! (*Levanta en sus manos el rostro de ella, lleno de lágrimas.*) Pero también... por una vez..., tengo el orgullo de ser más fuerte que tú, más generoso que tú... Llévatela lejos. Ahora ya podéis ser felices sin remordimientos. Porque también yo, ¡por una vez siquiera!, he sido bueno como tú y feliz como tú... y te he visto llorar.

FERNANDO (*En un impulso fraternal*).—¡Juan!

JUAN.—¡Hermano! (*Vuelcan en un abrazo toda su ternura contenida.*) Gracias, Chole... Ya sabía yo que no podía ser, que te engañabas a ti misma. Pero gracias por lo que has querido hacer. Llévatela, Fernando. Sólo os pido que os vayáis a vivir lejos. Dejadme a mí gozar solo el único día feliz que ha habido en mi vida...

(*Chole, sin encontrar palabras de despedida, estrecha conmovida las manos de Juan. Recoge luego sus flores, apretándolas contra el pecho, y sale reclinada en el hombro de Fernando. Juan, agotado por el enorme esfuerzo, desfallece un momento. Se domina. Tiene ahora una expresión de frialdad fatal. Va al escritorio, lo abre y*) *toma una pistola. Pasa Alicia. Al verla, esconde el arma, volviéndose.)*

ALICIA Y JUAN

ALICIA.—Buenos días, Juan... *(Corre el cerrojo de la Galería del silencio, y coloca en lugar bien visible un cartel que dice: «Prohibido suicidarse en Primavera». En el jardín pianísimo —cuerda sola—, comienza a oírse de nuevo el himno de Beethoven.)* Es una orden de Chole... ¿Le ocurre algo, Juan?

JUAN.—Nada...

ALICIA.—Está usted temblando.

JUAN.—Un poco de fiebre, quizá.

ALICIA.—Es el día... ¿Oye usted esa música?

JUAN.—¿Qué es?

ALICIA.—Beethoven: un himno de gracias a la primavera. También él estaba solo y con fiebre cuando lo escribió. Pero él sabía que la primavera trae siempre una flor y una promesa para todos.

JUAN.—¿Lo cree usted así?

ALICIA.—El doctor me lo dijo un día: «No pidas nunca nada a la vida. Y algún día la vida te dará una sorpresa maravillosa.»

JUAN.—¿Y espera usted?

ALICIA.—Siempre... ¿Quiere hacerme el favor, Juan? Hoy es día de vida y de esperanza. Es preciso que desaparezca de aquí todo lo que recuerde la muerte... ¿Quiere darme eso que esconde ahí?

JUAN *(Turbado, entregando su pistola).*—Perdón...

ALICIA.—Voy a tirarla al estanque. En el mismo sitio donde Chole resbaló ayer. *(Va a salir.)*

JUAN.—Alicia... Espere..., tengo miedo de quedarme solo. ¿Me permite que la acompañe, Alicia?

ALICIA.—Gracias... *(Le ofrece su brazo. Avanzan juntos hacia el jardín. El himno de Beethoven suena ahora —cuerda y viento— fortísimo y solemne. Va cayendo lentamente el telón.)*

Telón

FIN DE

«PROHIBIDO SUICIDARSE EN PRIMAVERA»

MAURO ARMIÑO

Escritor, periodista y crítico teatral. Ha publicado poesía (*El mástil de la noche*), narrativa (*El curso de las cosas*) y ensayo literario (*Qué ha dicho verdaderamente Larra*). Su labor de traductor, por la que ha obtenido en dos ocasiones el Premio Nacional de Traducción —*Antología de la poesía surrealista*, 1971; Rosalía de Castro, *Poesía*, (1979)—, se ha centrado sobre todo en la cultura francesa: autores teatrales, desde Molière (*El Tartufo, Don Juan, El misántropo,* etc.) a Albert Camus (*Los justos*) pasando por Pierre de Marivaux (*El juego del amor y del azar, El triunfo del amor*), Pierre Corneille (*El Cid, don Sancho de Aragón, La comedia de las ilusiones*), y Edmond Rostand (*Cyrano de Bergerac*); filósofos y novelistas de la Ilustración como Jean-Jacques Rousseau (*Las confesiones, Emilio o de la educación, Ensoñaciones del paseante solitario, Del contrato social);* Voltaire (*Novelas y cuentos completos*; Diderot y el Marqués de Sade; y poetas, dramaturgos y novelistas de los siglos xix y xx, como Arthur Rimbaud (*Una temporada en el infierno-Iluminaciones),* Balzac, Maupassant, Zola, Apollinaire, Marcel Schwob, Julien Gracq y Jean Genet; y, de manera especial, Marcel Proust en traducciones críticas y anotadas: *A la busca del tiempo perdido*, 2000-2005; *Los placeres y lo días,* 2006; y *Jean Santeuil*, 2006. Ha traducido escritores de lengua inglesa como Nathaniel Hawthorne, Edgard Allan Poe, Walt Whitman (*Canto de mí mismo*) y Oscar Wilde, *Teatro completo* (2008).

Algunas de sus traducciones y versiones teatrales han sido llevadas a escena, dirigidas por Josep Maria Flotats: *París 1940,* de Louis Jouvet (Premio Max de traducción del 2002 de una obra teatral); *La cena,* y *Encuentro de Descartes con Pascal joven,* de Jean-Claude Brisville); por Adrián Daumas, Isidro Rodríguez y Miguel Narros (*Salomé,* de Oscar Wilde).

Obras de Alejandro Casona
en
Biblioteca EDAF